Libro del profesor

Etapa 13
Textos

Nivel

B2.4

© **Editorial Edinumen**, 2013.
© **Autoras:** Anabel de Dios Martín, Sonia Eusebio Hermira y
Berta Sarralde Vizuete.

ISBN: 978-84-9848-357-4
Dep. Legal: M-13743-2013

Coordinación editorial:
Mar Menéndez

Edición:
David Isa

Diseño de cubierta:
Carlos Casado

Maquetación:
Antonio Arias

Fotografías:
Archivo Edinumen

Impresión:
Gráficas Glodami. Coslada (Madrid)

Editorial Edinumen
José Celestino Mutis, 4.
28028 Madrid
Teléfono: 91 308 51 42
Fax: 91 319 93 09
e-mail: edinumen@edinumen.es
www.edinumen.es

Extensión digital de **Etapa 13**: consulta nuestra **ELEteca**,
en la que puedes encontrar, con descarga gratuita,
materiales que complementan este curso.

La Extensión digital para el **profesor** contiene los siguientes materiales:

☐ Libro digital del profesor: introducción, guía del profesor, claves,
fichas fotocopiables, transparencias...

☐ Fichas de cultura hispanoamericana

☐ Resumen lingüístico-gramatical

Recursos del profesor:

Código de acceso

98483574

www.edinumen.es/eleteca

La Extensión digital para el **alumno** contiene los siguientes materiales:

■ Prácticas interactivas

■ Claves y transcripciones del libro de ejercicios

■ Resumen lingüístico-gramatical

Recursos del alumno:

Código de acceso

98483529

www.edinumen.es/eleteca

**Instituto
Cervantes**

Este método se adecua a los fines del *Plan Curricular* del Instituto Cervantes

La marca del Instituto Cervantes y su logotipo son propiedad exclusiva del Instituto Cervantes

Introducción a Etapas

Etapas es un curso de español cuya característica principal es su **distribución modular** y **flexible**. Basándose en un enfoque orientado a la acción, las unidades didácticas se organizan en torno a un objetivo o tema que dota de contexto a las tareas que en cada una de ellas se proponen.

Características:

■ **14 módulos** de **30 horas** correspondientes a los niveles A1, A2, B1 y B2 según las orientaciones del *Marco común europeo de referencia para las lenguas* (MCER) y su concreción en el nuevo *Plan Curricular del Instituto Cervantes. Niveles de referencia* (PCIC).

■ Cada módulo presenta la opción de acortarse, si se prescinde de las actividades opcionales que se incluyen, o ampliarse, si se aprovecha el material extra, y ajustarse así a las necesidades particulares de cada grupo.

Se ofrece en los siguientes **itinerarios**:

■ Dos itinerarios estándar: **Etapas** y **Etapas Plus**, diseñado cada uno de ellos según una organización de contenidos y estructura específica.

■ **Mis Etapas a medida:** los módulos se pueden adaptar a las distintas necesidades y contextos de aprendizaje combinándolos para obtener los manuales más adecuados a cada centro.

Más información: comercial@edinumen.es y www.edinumen.es/misetapasamedida

I. Estructura y organización de contenidos

Los contenidos de **Etapas** se materializan en módulos que siguen una secuencia estructurada, dosificada y adecuada al tiempo recomendado para su aprendizaje y asimilación.

Cada nivel de **Etapas** aporta al docente:

■ unos contenidos y actividades fundamentales para trabajar en el aula, estructurados en bloques de 20 horas.

■ unos contenidos y actividades con otras 20 horas extras de materiales:

    – **Actividades extras** incorporadas en el **Libro del profesor**.

    – Actividades de la extensión digital en www.edinumen.es/eleteca cuyo código de acceso figura en el **Libro del alumno** correspondiente.

    – Actividades del **Libro de ejercicios**.

El profesor podrá decidir si desea trabajar con ellos a modo de refuerzo y complemento, o bien obviarlos en función del ritmo y necesidades de su grupo.

2. Las unidades didácticas, las tareas y las actividades

Las unidades de cada **Etapas** están organizadas en torno a un tema u objetivo final, que dota de coherencia y contexto a cada una de las actividades que las conforman, pudiendo así ofrecer al alumno espacios que le permitan **aprender español para usarlo**. Se proponen, así, tareas de aula ficticias (aprender **para usar**), pero no se olvida que la clase es una situación real con unos participantes que tienen una finalidad y que, por tanto, justifica la realización de actividades para la práctica y sistematización de contenidos lingüísticos (**aprender** para usar).

En **Etapas** las unidades contemplan, pues, los siguientes tipos de actividades:

- **Tareas**: actividades que permiten a los alumnos utilizar la lengua para conseguir un fin o resultado. En palabras del MCER: "Las tareas de aula de carácter 'pedagógico' se basan en la naturaleza social e interactiva del aula y en su inmediatez. En estas circunstancias, los alumnos acceden a participar en situaciones ficticias…". (**Aprender para la acción**).

- **Actividades de lengua** a través de interacciones orales y escritas, comprensiones auditivas, comprensiones lectoras, expresiones orales y escritas, con las que se pretende que el alumno sea capaz de conseguir las destrezas que el MCER determina para cada nivel en cada una de ellas. (**Aprender para usar**).

- **Actividades de aprendizaje** con las que se presentan y practican contenidos lingüísticos. (**Aprender**).

- **Actividades de reflexión** sobre el aprendizaje. (**Aprender a aprender**).

- **Juegos o actividades lúdicas.** (**Aprender divirtiéndose**).

3. La metodología

Como hemos podido ver, **Etapas** se basa en un **enfoque orientado a la acción**. Tiene una concepción comunicativa de la lengua y la creencia de que el aprendizaje es constructivo y significativo, y que infiriendo, deduciendo y relacionando formas y significados, usando y haciendo cosas con la lengua es como se aprende. El método o forma de conseguirlo dependerá de los gustos y estilos de aprendizaje de los alumnos: **Etapas** no sigue una metodología rígida y única. En **Etapas, Libro del profesor**, se ofrecen alternativas, sugerencias y distintos itinerarios en las actividades, porque creemos que siempre es el profesor quien decide según las necesidades de sus alumnos. El **Libro de ejercicios** será utilizado por el alumno como apoyo a los contenidos de la unidad.

4. Los componentes

Cada nivel de **Etapas** se compone de:

- **Libro del alumno**, **Libro de ejercicios** en un volumen con **CD** de audiciones.

- En el **Libro del profesor** se incluyen, además de las sugerencias y explicaciones didácticas de las secuencias del **Libro del alumno**, las claves y transcripciones del **Libro del alumno** y del **Libro de ejercicios** y las fichas y material para transparencias que sirven al profesor para complementar y apoyar las explicaciones y actividades del **Libro del alumno**. El libro del profesor se encuentra también en formato electrónico con descarga gratuita en www.edinumen.es/eleteca.

- Los estudiantes pueden consultar las soluciones y transcripciones del **Libro de ejercicios**, así como el material complementario, en la página web de Editorial Edinumen (www.edinumen.es/eleteca), de forma que este puede ser utilizado de forma independiente y autónoma, si los alumnos así lo desean.

Etapa 13: Textos

Unidad I

Relaciones personales

El título de esta nueva Etapa hace referencia al trabajo final que los estudiantes realizarán en el epígrafe 4 de cada unidad y que responde al desarrollo y creación de cuatro tipologías textuales: descriptiva, narrativa, argumentativa y expositiva relacionadas con el tema visto en cada secuencia didáctica.

En esta unidad se profundiza en el tratamiento de fórmulas sociales, herramientas pragmáticas y comportamientos socioculturales adecuados al estudiante de nivel B2. Los bloques temáticos de la unidad (saludos y presentaciones, ironía y carácter, y saberes socioculturales) ofrecen los exponentes necesarios para desenvolverse en diferentes situaciones de la vida cotidiana, a la vez que se aprovecha para continuar trabajando con el léxico y con diferentes modelos de texto.

 ## Saludos y presentaciones

En este epígrafe se presentan expresiones utilizadas en intercambios sociales tales como saludos, despedidas, brindis, etc., tanto en lengua oral como escrita.

1.1. El objetivo de la actividad es crear un clima de acercamiento a la figura del profesor para fomentar la afectividad entre este y su grupo de estudiantes. Anímelos a formular preguntas arriesgadas sobre deseos e hipótesis en el pasado para ampliar el conocimiento entre todos los miembros de la clase. Usted será el primero en exponerse para favorecer dicho clima afectivo. Motive la actividad diciendo que le gusta mucho su trabajo, pero que en ocasiones se pregunta: "¿Qué haría si no fuera profesor?" y exprese su deseo.

1.1.1. Es el momento de que los estudiantes reparen en la construcción gramatical de las preguntas anteriores. Permítales que sean ellos quienes infieran el uso de los tiempos de subjuntivo y que, en parejas, completen el cuadro de reflexión propuesto. Observe que se está haciendo correctamente y, si lo considera necesario, refuerce la teoría en la pizarra.

1. pluscuamperfecto de subjuntivo; **2.** condicional compuesto; **3.** Me habría gustado.

1.1.2. y **1.1.3.** Práctica de lenguaje para mecanizar las fórmulas de expresión de deseos y dudas sobre momentos del pasado. Invite a sus alumnos a ponerse de pie y buscar a un compañero que no conozcan o del que no tengan mucha información para hacer con él el cuestionario y posterior presentación al resto de los compañeros.

1.2. Actividad comunicativa para desarrollar la expresión escrita y hacer conscientes a los estudiantes de la importancia del desarrollo de la competencia sociolingüística y discursiva. Deje tiempo para que preparen los diálogos mientras pasa por las mesas corrigiendo sus producciones escritas.

1.2.1. Actividad de comprensión auditiva. Explique claramente antes de poner el audio que el objetivo del mismo es que los estudiantes comparen y marquen las diferencias entre los diálogos que han escrito y el diálogo de dos nativos en la misma situación. Estas pueden ser de léxico, de entonación, discursivas o pragmáticas. Se puede dar puntos por expresiones usadas que aparezcan en el diálogo.

I.2.2. Actividad de observación y reflexión de fenómenos comunicativos. Reparta la transcripción del audio (o proyéctela) para que los estudiantes extraigan de ella las fórmulas sociales empleadas en el diálogo. Haga énfasis en la explicación del alargamiento de la vocal para enfatizar y en algunos aspectos socioculturales del mundo hispano como la promesa de mantener contacto (las fotos, llamada a la vuelta, etc.) que suele haber en nuestras despedidas, sin que necesariamente vaya a cumplirse.

1. ¡Hombre, Félix!, ¿Quéééééééé tal?; **2.** ¡Moooontse!; **3.** Dale un beso fuerte de mi parte; **4.** Y tú, ¿qué tal?, ¿Y eso?, Bueno, y tú, ¡cuenta!; **5.** ¡Qué suerte!, ¡qué envidia me das! Debe ser una pasada...; **6.** Que te lo pases fenomenal; **7.** Bueno, que me voy corriendo al...; **8.** ¡Hasta la próxima!, A la vuelta te llamo, Me alegro de haberte visto, A ver si nos vemos pronto.

I.2.3. Una vez sonsacada y matizada toda la información discursiva de este tipo de diálogos entre amigos (nos saludamos, besos, nos interesamos por el otro, antes de despedirnos avisamos de que vamos a hacerlo y nos despedimos con promesa de mantener el contacto), anime a sus alumnos a incorporar estos elementos en sus diálogos. Probablemente, los suyos carecerán de esas fórmulas (*bueno, pues..., a ver si...*) que hacen que la comunicación sea más real y próxima al habla del nativo. Una vez corregidos sus textos, invítelos a representarlos delante del resto de compañeros. Estas actividades ayudan a desinhibirse y a crear un ambiente más relajado y divertido en el aula. Si cree que puede motivarles, antes de empezar la teatralización, pueden negociar entre todos qué se va a puntuar para premiar el diálogo que cumpla mejor con los requisitos acordados.

I.3. Divida la clase en tres grupos y reparta recortados los diálogos que aparecen en la ficha 1 (un diálogo diferente para cada grupo). La tarea consiste en que, una vez ordenados, los alumnos decidan quién habla en cada uno, la relación entre los hablantes y el contexto comunicativo.

 Ficha 1 (A, B y C). *Diálogos con expresiones sociales.*

1. Cliente y recepcionista hablando por teléfono; **2.** Madre e hijo mayor hablando por teléfono a las 11h de la noche. El hijo llama para disculparse por haberse enfadado con ella; **3.** Brindis formal en una empresa: uno de ellos se jubila y brindan por él.

I.3.1. Actividad de reflexión. Deje a sus estudiantes tiempo para observar las fórmulas sociales que aparecen en el diálogo que acaban de ordenar y para que completen el cuadro con ellas.

1. Quisiera proponer un brindis por...; **2.** Te deseo muchísima suerte, mucha suerte con..., crucemos los dedos; **3.** No sé cómo agradecéroslo; **4.** ¡Bueno... ya sabes dónde tienes tu casa si quieres volver!; **5.** Siento mucho haberme enfadado contigo / Perdona que te moleste a estas horas; **6.** Está bien, no pasa nada / Estás perdonado/a, pero que no se vuelva a repetir / que sea la última vez; **7.** Por favor, ¿podría hablar/ponerme con...?; **8.** Disculpe, pero en este momento no le puede atender / no se puede poner; **9.** ¿Puedo dejar un recado?, por favor, dígale... de parte de...

I.3.2. Anime a sus estudiantes a ensayar los diálogos anteriores: cada grupo debe elegir a los representantes que van a interpretarlo en voz alta en el centro de la clase y deben ayudar a buscar ropa o elementos que les ayuden con la escenografía. Una vez preparado, los que escuchan deberán ir anotando más expresiones en la tabla de 1.3.1. Esta actividad tiene gran importancia para mecanizar este tipo de expresiones como prefabricados (*chunks*), lo cual incidirá en una mayor fluidez en el habla del alumnado.

I.3.3. Práctica de lenguaje para mecanizar las expresiones aprendidas en forma de competición. Deje tiempo a sus estudiantes para estudiarlas. Divida la clase en dos equipos, proponga una situación (por ejemplo, mi hermano acaba de obtener un excelente puesto de trabajo; o estamos en un restaurante brindando por el cumpleaños de la abuelita que cumple 100 años, etc.) y un representante de cada grupo se levanta corriendo a escribir la fórmula en la pizarra. Compruebe que sea cada vez un miembro distinto del equipo quien lo haga para favorecer la participación de todos. Gana el equipo que obtenga mayor puntuación.

1.4. Actividad para ampliar las fórmulas empleadas en el intercambio epistolar. Anime a completar la tabla en parejas y corríjala en la pizarra permitiendo que sean los alumnos que vayan terminando quienes lo hagan.

Encabezamiento: Queridos papás / ¿Qué tal Ana?, ¡Hola Ana!; **Cuerpo:** En relación a..., Les escribo en referencia a... / Te escribo por lo de...; **Despedida:** A la espera de sus noticias, En espera de sus noticias, Sin otro particular, les saluda atentamente, Saludos cordiales, Cordialmente, Atentamente, Atte. / Un beso, Un abrazo, Nos vemos pronto, Hasta pronto, Muchos besos.

1.4.1. Actividad optativa de expresión escrita que puede realizar si considera que las necesidades del grupo se verán reforzadas con la escritura de una carta en la que se solicita un puesto de trabajo.

2 Ironía y carácter

En este epígrafe se hace consciente al estudiante de aspectos lingüísticos usados para manifestar ironía (elemento sociolingüístico importante de la competencia comunicativa que debe ser controlado ya en este nivel), algunos de los cuales son el empleo de frases estereotipadas o de humor.

2.1. Actividad de comprensión lectora para introducir el tema. Motívela con el juego del ahorcado: ponga el título de la noticia en la pizarra con rayas para que tengan que adivinarlo diciendo letras. Una vez adivinado, invite a los estudiantes a hacer hipótesis sobre el contenido del texto para crear interés y expectación.

2.1.1. Hable con sus estudiantes acerca de la ironía: ¿les gusta la gente irónica?, ¿ellos lo son?, ¿en qué situaciones? Luego, presente la actividad para que en parejas primero, y en grupo clase después, comenten el significado irónico de las citas literarias que se mencionan.

1. En esta ingeniosa ironía se da a entender que no salió con honra (que le acompañe un séquito eclesiástico), sino que juega con la homonimia de la palabra *cardenal* (eclesiástico y hematoma); **2.** Podemos entender que no comieron nada; **3.** La ironía aquí consiste en que el lector seguramente lo desconoce; **4.** Ironía sobre la gente que se queja en vida de lo que podría estar haciéndoles felices.

2.2. Presentación de expresiones estereotipadas para hablar del carácter mayoritariamente: todas ellas están en la mente de los hablantes españoles, especialmente de la gente mayor, y forman parte de nuestro saber cultural. Puede contextualizar la actividad diciendo: *¿Sabéis cómo me siento? A ver si lo adivináis viendo el dibujo* (ponga en la pizarra a modo de jeroglífico la expresión *estar más contento que unas castañuelas*: carita contenta, símbolo +, y dibujo de castañuelas). Una vez comprendido, anime a los alumnos a intentar relacionar las columnas para aprender más expresiones de este tipo. Preenseñe las palabras: *chotis, carretero, tapia, lima* y *energúmeno/a*.

1. b; **2.** e; **3.** f; **4.** h; **5.** i; **6.** c; **7.** j; **8.** k; **9.** g/m; **10.** m/g; **11.** d; **12.** n; **13.** l; **14.** a; **15.** o.

2.2.1. Práctica de lenguaje formal de las expresiones recién aprendidas con el objetivo de facilitar su memorización. Divida la clase en grupos: cada uno de ellos piensa en una de las expresiones anteriores y sale a la pizarra a dibujarla. Gana el equipo que más haya adivinado.

2.2.2. La actividad opcional que se propone promueve la autonomía de los estudiantes y fomenta su curiosidad para seguir aprendiendo más acerca del idioma objeto de estudio. Al mismo tiempo, es una actividad que integra destrezas pues invita al desarrollo de la comprensión lectora (leer en Internet el origen de las expresiones), de la expresión escrita (deben tomar nota de esta información) y de la interacción oral y comprensión auditiva al explicarse unos a otros lo aprendido.

2.3. Continuando con los contextos irónicos, se ofrecen en esta actividad chistes que repiten una estructura consecutiva y que ayudarán al estudiante a recordarla al ser presentada en un contexto humorístico. La actividad puede transformarse en un *Busca tu pareja*: habría que recortar los chistes completos (rellenados los huecos) y repartirlos por mitades, una a cada estudiante. De pie, tendrían que buscar al compañero que completara su chiste. Antes de pasar a la actividad siguiente pueden votar el chiste que más les haya gustado.

1. canales; **2.** hueso; **3.** cultivaba; **4.** misa; **5.** mesita; **6.** miope; **7.** frontera; **8.** Cenicienta; **9.** tropezaba; **10.** sombra; **11.** bigote.

2.3.1. Actividad de reflexión e inferencia por parte de los aprendientes de la organización gramatical de este tipo de frases consecutivas. Permita que sean ellos mismos quienes, observando los modelos de lengua proporcionados en los chistes, completen con total autonomía el cuadro gramatical.

1. tan; **2.** tan; **3.** que; **4.** tal; **5.** que.

2.4. Test para reforzar las unidades léxicas aprendidas en el epígrafe. Anime a trabajar en parejas para completarlo y comentar los resultados del mismo. La expresión *ni un duro*, hace referencia a la moneda española anterior al euro (un duro equivalía a 5 pesetas) y aún se mantiene.

2.4.1. y **2.4.2.** Práctica comunicativa en la que los estudiantes van a diseñar un test para ahondar en el carácter de los compañeros y que terminará con la entrega de un premio a la persona más "x" seleccionada. Divida la clase en tres grupos A-B-C: cada uno de ellos va a elaborar las preguntas para descubrir o al más vago, o al más gruñón o al más bueno de la clase. Una vez escritas las preguntas, reorganice la clase: tríos (un miembro de A, otro de B y otro de C) que se harán el test tomando nota de las respuestas. Posteriormente, se vuelve a los grupos iniciales (A, B o C) para decidir quién es la persona más "x" en relación con su cuestionario inicial. Una vez tomada la decisión, se procederá al diseño y entrega de premios.

3 Los españoles no son mucho de...

Este epígrafe trata de temas socioculturales: los nombres y apellidos y las relaciones interpersonales. De la mano de este último se introduce uno de los contenidos lingüísticos de la unidad, los usos del infinitivo.

3.1. Contextualización de la secuencia de actividades que sigue. Pida a sus alumnos que lean el texto y que discutan sobre si creen o no lo que en él se afirma.

3.2. Pregunte a sus alumnos si conocen nombres típicos de los países y regiones que aparecen en su libro. Anímelos a aumentar información hablando sobre nombres de otros lugares hispanos que ellos puedan conocer. Pídales que relacionen los listados de nombres con uno de los lugares.

1. Cuba; **2.** Galicia; **3.** Argentina; **4.** Cataluña; **5.** País Vasco; **6.** México; **7.** Andalucía.

3.3. Actividad de interacción oral en parejas con la que se busca tanto activar los conocimientos previos de los alumnos sobre el uso y origen de los apellidos como despertar su interés por el tema. Divida la clase en pares y designe a cada miembro una letra, A o B. Pídales que hagan a su compañero las preguntas identificadas con su letra. Si hay muchas preguntas que no saben responder, tranquilícelos diciéndoles que luego lo verán, ya que les va a dar la información en un texto.

3.3.1. Recorte las tarjetas de la ficha 2, un juego por pareja, y entregue a cada alumno dos, de tal forma que en cada pareja tendrán el texto entero. Dígales que las lean y que comprueben o busquen la información que no sabían de la actividad anterior. Cuando terminen, pídales que lo pongan en común para tener todas las respuestas del cuestionario de 3.3.

Ficha 2. *Apellidos.*

Actividad extra. Se acompaña en la ficha 3 una actividad para trabajar con los nombres hipocorísticos más frecuentes en español, así mismo se da información sobre los apodos. Siga las instrucciones que aparecen en el material.

Ficha 3. *Los otros nombres.*

2) Nombre hipocorístico: Pepe; **apodo:** el Tira.
3) 1. Francisco; **2.** Jesús o M.ª Jesús; **3.** Rosario; **4.** Ladislao; **5.** Inmaculada; **6.** Asunción; **7.** M.ª Teresa; **8.** Adolfo; **9.** Consuelo; **10.** Rafael.

3.4. Interacción oral en grupo clase. Dé unos minutos a sus alumnos para que repasen las actividades 3.2. y 3.3. y que vayan generando ideas para hablar de los nombres y apellidos en su país o región. Pasee por la clase para ayudarlos con posibles dudas. Cuando ya hayan pensado lo que quieren decir inicie la conversación.

3.5. Comienza aquí una secuencia de actividades con un doble objetivo. Por una parte, se reflexiona sobre algunos comportamientos socioculturales de los españoles dentro del ámbito de las relaciones interpersonales, y por otro, se introducen algunos usos del infinitivo. Motive la actividad hablando de lo poco originales que pueden resultar algunas combinaciones de nombres y apellidos. Dígales que el español Juan Carlos García González tiene una de esas combinaciones, por tanto, con él van a pensar en algunos comportamientos socioculturales de los españoles. Para empezar, anímelos a que lean en parejas las situaciones, discutan las dos opciones y elijan la que refleje la reacción que ellos consideren más "española" (hay que tener en cuenta que no es algo absoluto y que puede variar según el carácter de las personas, las circunstancias, etc.). Es importante saber que ahora los paréntesis que preceden a algunos verbos en infinitivo no son importantes, se utilizarán más tarde.

3.5.1. Actividad de comprensión auditiva. Informe a los estudiantes de que van a escuchar una entrevista que le hicieron a Juan Carlos García y que comparen lo que él dice con sus respuestas de la actividad 3.5. Después de haber realizado dos audiciones aproveche la puesta en común para discutir las posibles diferencias, anime a sus alumnos a explicar en qué se han basado para hacer esa elección.

1. a; **2.** b; **3.** a; **4.** a; **5.** b; **6.** b; **7.** a; **8.** a.

3.5.2. Reflexión sobre algunos usos del infinitivo. La actividad consta de dos partes:

1. Pida a sus alumnos que lean las explicaciones y que observen los ejemplos para completar la información.

2. Informe a los estudiantes de que en 3.5. hay algunos verbos destacados con un cuadrado delante de ellos. Dígales que lean los usos del infinitivo del cuadro de reflexión y que clasifiquen los ejemplos en negrita de 3.5. Para ello deben escribir delante del infinitivo, en el cuadrado, el número del uso correspondiente.

1. a. posterior; **b.** anterior.
2. visitar: 3; **acercarse:** 2; **comer** o **pasar:** 9a; **tocar:** 9b; **añadir:** 4; **conseguir:** 8;
echar: 5; **parecer:** 1; **saberes:** 1; **haber sabido:** 6; **despedirse:** 4; **seguir:** 7.

3.5.3. Invite a sus alumnos a revisar los comportamientos socioculturales anteriores y a que expliquen si alguno le ha resultado diferente a lo que pensaban.

3.6. y **3.6.1.** Tarea con la que termina el epígrafe. Estimule a sus estudiantes para que piensen en otras preguntas relacionadas con nombres, apellidos o comportamientos. Dígales que es el momento de preguntar por el porqué de algunas cosas que no entienden. Pídales que escriban cinco preguntas que pueden ir dirigidas a cualquier miembro de la clase, incluido el profesor. Pueden preguntar sobre sus lugares de origen o sobre otras nacionalidades o procedencias de las que creen que alguien puede tener información. Anímelos a levantarse y a preguntar a las personas a quienes han dirigido sus preguntas. Realice una puesta en común con la información que sus alumnos consideren interesante compartir.

4 Textos

Con este epígrafe terminan todas las unidades de la Etapa 13. Puesto que esta es la primera unidad se ofrece información sobre las características de los tipos de texto y los marcadores del discurso.

4.1. Actividad con las características de los diferentes tipos de texto según la variedad del discurso. Proyecte sobre la pizarra la transparencia 1 y pida a sus alumnos que completen las celdas de la tabla con los datos que tienen en su libro, colocando cada uno en su lugar correspondiente. Se ofrece un ejemplo con el tipo de lenguaje que utiliza el texto expositivo. Ayúdelos resolviendo las dudas que pudieran tener. Cuando lo terminen, déjeles un tiempo para que tomen nota en el cuadro que hay en su libro.

	Texto narrativo	Texto descriptivo	Texto expositivo	Texto argumentativo
Intención comunicativa	*Relata hechos que suceden a unos personajes.*	*Cuenta cómo son los objetos, personas, lugares, animales, sentimientos...*	*Explica de forma objetiva unos hechos.*	*Defiende ideas y expresa opiniones.*
Responden a	*¿Qué pasa?*	*¿Cómo es?*	*¿Por qué es así?*	*¿Qué pienso? ¿Qué te parece?*
Tipos de textos más frecuentes	*Novelas, cuentos, noticias...*	*Guías de viaje, novelas, cuentos, cartas, diarios...*	*Libros de texto, artículos de divulgación, enciclopedias...*	*Artículos de opinión, críticas de prensa...*
Tipo de lenguaje	*Verbos de acción.*	*Abundancia de adjetivos.*	*Lenguaje claro y directo.*	*Verbos que expresan opinión.*

 Transparencia 1. *Textos.*

4.2. Cuadro de reflexión con marcadores discursivos propios del nivel B2. Distribuya la clase en parejas y pida que lean el uso y los ejemplos de cada grupo de marcadores para poner un nombre que les ayude a identificarlos. Ponga en común la actividad y aproveche para aclarar dudas. Si piensa que es útil para sus alumnos, fotocopie la ficha 4 con la clasificación académica de estos marcadores y entréguesela.

Le proponemos una solución a la actividad, pero recuerde que no es cerrada.

1. Aditivos; **2.** Consecutivos; **3.** Justificativos; **4.** Contraargumentativos, **5.** De inicio; **6.** De continuidad; **7.** De cierre; **8.** Explicativos; **9.** Recapitulativos; **10.** Rectificativos; **11.** De distanciamiento; **12.** Digresores; **13.** Focalizadores; **14.** De concreción; **15.** De refuerzo argumentativo.

 Ficha 4. *Marcadores del discurso.*

4.2.1. Informe a sus alumnos de que algunos de los marcadores anteriores son más propios de la lengua oral. Anímelos a que los identifiquen y los subrayen.

5. bueno, bien; **7.** bueno; **9.** total; **12.** una cosa.

4.3. Tarea final de la unidad: escribir un texto expositivo utilizando uno de los temas de la unidad.

El misterio del éxito

En este epígrafe se introduce el tema de la unidad, se presenta vocabulario relacionado con este tema y se contrastan las tres frases condicionales.

1.1. Introduzca el tema pidiendo a los alumnos que lean el texto para contestar a las preguntas que se plantean. Haga la actividad en grupo clase. Cuando lo crea conveniente, presente posibles respuestas a las cuestiones en la siguiente actividad.

1.1.1. Pida a los alumnos que lean las respuestas, pregunten lo que no entiendan y las comparen, si procede, con las que ellos dieron en la actividad anterior. En la puesta en común, intente establecer una pequeña discusión; puede animar la interacción oral pidiéndoles que piensen en ejemplos de personas o casos que puedan ejemplificar las opiniones.

1.1.2. Motive la actividad presentando a los personajes y empresa de la actividad. Pregunte a los alumnos si los conocen o saben algo de ellos. Motíveles diciéndoles que son ejemplos de personas con éxito y pídales que busquen en ellos frases y párrafos que justifiquen algunas de las opiniones anteriores. Acláreles que puede haber más de una y que todas las respuestas pueden ser correctas si las justifican adecuadamente.

La respuesta es abierta siempre que se justifique, pero las relaciones más claras son: **Mala Rodríguez:** 3; **Panoramio:** 2, 4.

> **Mala Rodríguez: María Rodríguez Garrido** (Jerez de la Frontera, España, 1979). La Mala es conocida por su peculiar estilo, perfilado entre el rap y el flamenco, que lleva muy presente por su origen andaluz.
>
> **Panoramio:** es un sitio web dedicado a exhibir las fotografías de lugares o paisajes que los propios usuarios crean y georreferencian. Las imágenes que cumplen ciertos requisitos pueden ser vistas a través del software Google Earth. El objetivo de Panoramio es permitirles a los usuarios de este programa aprender más sobre una zona específica del mapamundi, observando las fotografías que otros usuarios han tomado ahí.

1.1.3. El objetivo de esta segunda lectura es presentar léxico relacionado con el éxito. Haga con los alumnos el ejemplo que se ofrece para mostrarles la finalidad de esta actividad.

Ponemos la acepción que más relación tiene con el éxito. **irrupción:** entrar con violencia o fuerza en un lugar; **marcar:** hacer una señal, resaltar; **revolucionar:** hacer un cambio rápido y profundo en cualquier cosa; **lanzar:** llevar lejos; **grito:** manifestación vehemente de un sentimiento general; **romper:** quebrar o hacer pedazos algo; **conquistar:** ganar, conseguir algo, generalmente con esfuerzo, habilidad o venciendo algunas dificultades; **aplastante/aplastar:** derrotar, vencer, humillar; **arrojar:** mover con violencia, con fuerza; **desorbitante:** fuera de órbita, exageradas; **arrasar:** conquistar destruyendo un lugar, triunfar con rotundidad; **volar:** ir o moverse por el aire.

Etapa 13

1.1.4. Siga trabajando con el léxico de los textos. Pida ahora a los alumnos que expliquen con sus palabras el significado de las palabras en negrita.

1.2. Secuencia de actividades para presentar el contraste de las tres frases condicionales. Introduzca el ejercicio pidiendo a los alumnos que se fijen en las portadas de los libros. Pregúnteles si creen que este tipo de libros ayuda a las personas que los leen. Anímelos a que compartan, si procede, lecturas que hayan hecho de textos similares.

1.2.1. Comprensión auditiva en la que se presentan los modelos de lengua. Contextualice la actividad explicando a los alumnos que van a escuchar a dos amigas hablar sobre los libros anteriores. Pídales que traten de descubrir si están hablando de uno en concreto o de cualquiera de los tres. Para ello, dígales que, primero, lean los resúmenes que aparecían en la actividad anterior. Ponga la audición una vez, deje que intercambien en parejas sus opiniones y haga una puesta en común; anime a los estudiantes a que justifiquen sus respuestas.

Las dos amigas podrían estar hablando de cualquiera de los tres libros.

1.2.2. Explique a los alumnos que en la audición aparecen las tres frases condicionales. Anímelos a que, en parejas, las reconstruyan. Insista en que el contexto de la frase les ayudará a elegir el tipo de estructura que necesitan. Si lo considera necesario, proyecte la transparencia 2, en la que se acompaña un esquema con las tres condicionales. Corrija la actividad con la audición, tal y como aparece en la siguiente actividad.

Transparencia 2. *Las tres condicionales.*

1.2.3. Ponga de nuevo la audición para corregir la actividad. En la puesta en común, aproveche para explicar las diferencias entre frases como: "si te levantaras más pronto, llegarías a tu hora al trabajo" y "si te levantas más pronto, llegarás a tu hora al trabajo", teniendo en cuenta que ambas formas podrían ser correctas.

1. Si me hubieras avisado, te habría ido a buscar; **2.** si fuera tan fácil, todos tendríamos trabajos fantásticos y mucho dinero, y seríamos felices; **3.** si lo hubieras leído, ahora las cosas te irían diferente; **4.** Si ahora mismo me aseguras que todo lo que dice es cierto, y que si leo ese libro, mis problemas desaparecen, en este mismo instante voy a la librería y compro otro ejemplar; **5.** si se tiene muy claro lo que se quiere y adónde se quiere llegar, todo es más fácil; **6.** si confiaras más en él... y en ti, seguramente tendríais más posibilidades de volver a ser felices; **7.** si te levantaras más pronto, llegarías a tu hora al trabajo y no tendrías que quedarte luego más tiempo y podrías aprovechar más la tarde para apuntarte a un gimnasio, o hacer lo que quieras; **8.** Si te hubieras arriesgado, a lo mejor ahora estarías más satisfecha; **9.** Y si no te gusta donde vives, pues múdate.

1.2.4. Ponga a los alumnos en tríos para hacer la actividad y explíqueles que deben elegir una de las tres frases condicionales dependiendo de su situación real. Anímelos también a que expresen deseos y sentimientos en relación a esas situaciones.

1.3. **Actividad opcional:** para contestar a la pregunta que se plantea en el libro, recorte los textos de la ficha 5 y cuélguelos por la clase. Pida a los alumnos que se levanten, los lean y escriban la frase que resume la idea de cada texto.

1. Sea específico en sus metas; **2.** Sea específico en el cuándo y dónde; **3.** Conozca muy bien cada etapa del camino; **4.** Sea optimista, pero con los pies en la tierra; **5.** Explore nuevas capacidades y aptitudes; **6.** Tenga coraje; **7.** Tenga disciplina y voluntad; **8.** No tiente a la suerte; **9.** Céntrese más en lo que quiere crear que en lo que desea corregir.

Ficha 5. *Las nueve claves del éxito, según Heidi Grant.*

I.4. Secuencia que presenta algunos atenuadores del discurso. Introduzca la actividad marcando la importancia que tiene en muchas ocasiones hacer un buen uso del lenguaje. Como siempre, intente involucrar a la clase con sus opiniones y experiencias.

I.4.1. Con esta actividad se introduce el concepto de la atenuación para, posteriormente, mostrar algunos de los recursos que el lenguaje nos ofrece para ser corteses en la conversación. Para comprobar que los alumnos entienden el concepto, pídales que lo expliquen con sus palabras y anímelos a que pongan algún ejemplo.

I.4.2. En las conversaciones aparecen los modelos de lengua de algunos de los atenuadores del discurso que se quieren presentar. Haga esta primera escucha general y pida la tarea de contextualización que aparece en el libro. Deje que los estudiantes comprueben sus respuestas en parejas antes de la puesta en común.

Conversación 1: 1. Dos amigas; **2.** Hablan de una tercera persona a la que, según parece, acaban de conocer. **Conversación 2: 1.** Hablan dos antiguos compañeros o dos amigos que hace tiempo que no se ven; **2.** Hablan del éxito de uno y de la mala suerte o mal momento del otro.

I.4.3. Se han extraído de las conversaciones las frases donde aparecen los recursos utilizados para atenuar el discurso con el objetivo de facilitar a los estudiantes su comprensión y pedirles que participen en la sistematización posterior.

Todas las frases están atenuando lo que realmente se quiere decir. **1.** Es bastante raro; **2.** Está muy bien; **3.** Es feo; **4.** Tiene los ojos tristes; **5.** Le va mal; **6.** Le va bastante bien; **7.** Ha tenido bastantes problemas; **8.** Hoy está muy negativo; **9.** Lo ve bastante deprimido; **10.** Está deprimido.

I.4.4. Pida a los alumnos que, en parejas, sistematicen los recursos anteriores. Ponga con ellos el primer ejemplo para guiarles en la actividad (solo deben completar la explicación de los primeros cuatro recursos) y haga que se fijen en el resto de recursos que ya aparecen expresados, pero no se preocupe demasiado por estos, ya que se centrará en ellos en la siguiente actividad.

1. Usar diminutivos; **2.** Hacer comparaciones; **3.** Utilizar frases en forma negativa; **4.** Usar palabras como: *poco, algo, mucho...* para expresar lo contrario o quitar importancia a lo que se está diciendo.

I.4.5. Para completar la explicación anterior, vuelva a poner la audición para que escriban los ejemplos de los tres últimos recursos. Ayúdelos aclarándoles que aparecen en la segunda conversación.

5. Por lo visto en esta vida no se puede tener secretos; **6.** Me han dicho que no te va nada mal; **7.** Todo se va arreglando.

I.4.6. Anímelos a que inventen conversaciones similares a las escuchadas usando el mayor número posible de recursos para atenuar el discurso. Dígales que las frases de la actividad sirven para ayudarlos con las ideas, pero que, si lo prefieren, pueden prescindir de ellas.

I.4.7. Anime y motive a los alumnos para hacer esta actividad.

Etapa 13

2 El éxito en el trabajo

En este epígrafe se hace un trabajo de integración de destrezas y se presenta léxico relacionado con el éxito laboral. Los temas que se tratan son las llamadas *start-up*, los métodos de selección laboral y, como contenido cultural, la obra y película *El Método Grönholm*.

2.1. Motive la actividad y sondee la información que puedan tener los estudiantes sobre el tema pidiéndoles que completen el esquema. Haga la actividad en grupo clase para que los alumnos compartan sus conocimientos, pero no la corrija ya que se les facilita la solución en la siguiente actividad.

2.1.1. Proyecte la transparencia 3 para que lean el texto y corrijan o completen la actividad anterior.

Transparencia 3. *Las start-up.*

2.2. Introduzca el léxico relacionado con el éxito laboral animando a los alumnos a que realicen la actividad en grupos. Pídales que justifiquen sus opiniones y que usen el diccionario, si lo necesitan. Haga, posteriormente, una puesta en común.

2.3. En esta secuencia se habla de los diferentes métodos de selección de personal. Motive el tema con los carteles de la obra y de la película. Anime a los estudiantes, si nunca han oído hablar sobre este método, a que especulen sobre él a partir de la información que aparece en las imágenes.

> *El Método Grönholm* fue, inicialmente, una obra teatral escrita por Jordi Garcerán para el circuito catalán. Más tarde, fue adaptada al castellano y tuvo gran éxito, tanto en España (interpretada por Cristina Marcos, Carlos Hipólito, Jorge Roelas y Jorge Bosch) como en Argentina (donde actúan Alejandra Flechner, Gabriel Goity, Martín Seefeld y Jorge Suarez). También ha sido representada en Portugal. Posteriormente, tras ser adaptado su guion por el propio autor, se convirtió en una película dirigida por Marcelo Piñeyro y protagonizada, entre otros, por Carmelo Gómez, Natalia Verbeke, Eduardo Noriega, Eduard Fernández, Najwa Nimri, Ernesto Alterio, Adriana Ozores y Pablo Echarri.
>
> El argumento de la obra original es sencillo: cuatro candidatos se enfrentan a un proceso de selección para una multinacional. Pero no se trata de un proceso de selección al uso, sino que se sigue un método concreto, el Método Grönholm. A través de las distintas pruebas eliminatorias, los implicados van descubriendo sus carácteres (tan distintos) y van reflexionando sobre el propio sistema de selección y sobre algunas particularidades de nuestro sistema empresarial y laboral: la participación de la mujer, la compatibilidad de la vida profesional y personal, los estilos directivos, la coherencia de la carrera profesional...

2.3.1. Si los alumnos todavía no saben en qué consiste el método, siga especulando a partir del argumento; es por esta razón que las palabras clave aparecen escondidas. En caso contrario, utilice la lectura para confirmar sus hipótesis iniciales.

2.3.2. Comprensión lectora que servirá como punto de partida para hablar de los métodos de selección de personal que aparecen recogidos. Corrija el ejercicio de comprensión e inicie la discusión sobre el tema. De nuevo, trate de involucrar a los alumnos con su experiencia y conocimientos, animándoles a que pongan ejemplos.

1. entrevista en grupo; **2.** recursos humanos; **3.** pruebas grupales; **4.** sinceridad; **5.** correcto.

Entrevista estructurada: pretende medir unas capacidades y actitudes claramente definidas basadas en el análisis del puesto.

Ejercicios de simulación y de situaciones: el propósito es observar y evaluar cómo el candidato enfrentaría situaciones reales de su futuro puesto de trabajo. Por lo general, este método se utiliza para evaluar destrezas asociadas a puestos gerenciales. Este método se puede utilizar de forma individual o de forma grupal.

Datos biográficos: este método es utilizado para obtener información del candidato relacionada con sus actividades e intereses particulares. Tiene su origen en el supuesto de que no hay mejor predictor del comportamiento futuro que el comportamiento pasado.

Prueba de habilidades cognitivas, de inteligencia y de aptitudes: son una familia de pruebas diseñadas para medir la capacidad intelectual. La diferencia básica entre dichas pruebas es que unas pretenden medir la capacidad intelectual general y otras miden componentes específicos de la misma.

Prueba de personalidad: se basa en la idea de que no es suficiente medir solamente la habilidad cognitiva del candidato, sino que se hace necesario evaluar las motivaciones, valores, necesidades y metas de una persona.

2.3.3. Actividad que motiva e introduce la siguiente. Hágala a modo de competición para forzar a los alumnos a que piensen en el mayor número posible de situaciones. Anímelos a que imaginen pruebas lo más raras o absurdas posibles.

2.3.4. Siga utilizando el elemento lúdico y explíqueles que el tiempo es muy importante en este tipo de pruebas que tratan de medir las capacidades y las habilidades. Haga de moderador y medidor del tiempo.

2.3.5. Actividad opcional: si considera que los alumnos están interesados en saber más sobre la obra, recorte las tarjetas de la ficha 6 y cuélguelas por la clase. Pida a los alumnos que se levanten y las lean. Haga después una puesta en común y discuta sobre el valor de estas situaciones y estas formas de selección de personal.

 Ficha 6 (A y B). *El Método Grönholm.*

2.4. Actividad de interacción oral. Haga la actividad en grupos pequeños y, al final, si lo considera interesante, haga una puesta en común.

3 Trabajo, mujer y ¿éxito?

En este epígrafe se trata el tema de la mujer en el ámbito laboral y se presentan diferentes tipos de interrogativas y expresiones con el verbo *echar*.

3.1. Todos los titulares tienen en común que hablan sobre algún aspecto relacionado con la situación laboral de la mujer en España. Introduzca el tema con la lectura de los titulares y sondee la sensibilidad de los estudiantes sobre este asunto. Se recomienda ser prudente en su tratamiento y vigilar las reacciones de los estudiantes.

3.1.1. Contextualice la audición explicando a los alumnos que van a escuchar a dos compañeras de trabajo tras la vuelta de vacaciones de una de ellas. Haga esta primera actividad de escucha general, ya que en las actividades posteriores se hará un análisis de las expresiones y estructuras interrogativas que se quieren presentar.

Conciliar trabajo y familia, discriminación salarial.

3.1.2. Explique a los alumnos que en la audición aparecen expresiones con el verbo *echar*. Dígales que son en estas en las que se tienen que fijar para hacer la actividad. En la corrección, llame la atención a los estudiantes sobre las otras expresiones que aparecen en el cuadro de sistematización y explíqueles los siguientes usos:

• el uso opcional de la preposición *para* en la expresión *echarse (para) atrás*.

• el carácter enfático del uso del artículo indeterminado en *echar una bronca*, frente a *echar la bronca*.

1. echar en cara; **2.** echar de menos; **3.** echarse (para) atrás; **4.** echar una/la bronca; **5.** echar chispas.

3.1.3. Motive el aprendizaje de los alumnos animándoles a que deduzcan el significado de las frases interrogativas que se quieren presentar y cuyos modelos de lengua aparecen en la conversación anterior. Pídales que no miren la siguiente actividad, ya que tendrían la solución a estas preguntas. Haga la actividad en grupo clase.

3.1.4. En esta primera actividad de la sistematización de las frases interrogativas se trata de que los alumnos distingan los dos tipos generales de oraciones. Divida la clase en parejas, haga fotocopias de la ficha 7, recorte las tarjetas y reparta un juego a cada grupo. Pídales, antes de volver a escuchar, que escriban en número del ejemplo dentro de cada clasificación. Ponga la audición para que oigan las interrogativas dentro de su contexto y puedan ver con más claridad su significado y función en una conversación.

Interrogativas repetitivas o de eco. Definición: 2; Ejemplos: 3, 4, 6, 7, 8, 9, 10, 11.
Interrogativas retóricas. Definición: 1; Ejemplos: 5.

 Ficha 7. *Frases interrogativas.*

3.1.5. Se ofrece a los alumnos la información completa sobre los dos tipos de interrogativas presentadas. Pídales que lean las explicaciones, miren los ejemplos y que clasifiquen las anteriores frases en el lugar correspondiente.

1. a. Interrogativas recapitulativas: ¿Que se te ha hecho corto a ti? ¿Que qué ha pasado? ¿Que te dijo qué? ¿Qué tienes que estar a qué hora dónde?; **b. Interrogativas especificativas:** ¿No tenías a nadie para qué? ¿Que te echó una bronca, por qué?; **c. Interrogativas explicativas:** ¿Que hay rumores de qué? ¿Que viene quién?; **2. Interrogativas retóricas:** ¿Acaso no se hizo el sordo cuando le pediste que te explicara por qué cobrabas menos que Germán?

3.2. Para que la actividad pueda entenderse, deje claro el punto de vista desde el que se han hecho los comentarios: están extraídos de un texto que trata de demostrar la discriminación de la mujer en el trabajo. Como hemos recomendado al principio de este epígrafe, intente no dar su opinión personal sobre el tema y, sobre todo, sea sensible a las reacciones de sus estudiantes.

Desde el punto de vista aclarado, los comentarios que se refieren a ella son: **1.** b; **2.** a; **3.** a; **4.** a; **5.** b; **6.** b; **7.** a; **8.** a; **9.** b; **10.** b.

3.2.1. Para hacer esta práctica de lenguaje de las interrogativas vistas, dígales que se fijen solamente en los comentarios que se refieren a ella (actividad 3.2.) y que los relacionen con las frases interrogativas y las completen. Pídales que elijan la intención para ponerle la entonación adecuada, pero adviértales que en algunos casos solo hay una opción en cuanto a la intención. Haga la actividad en parejas, deje que ensayen las pronunciaciones y haga finalmente una puesta en común.

a. qué: 2; **b.** con quién: 3; **c.** No: 10; **d.** qué: 6; **e.** Que: 7; **f.** dónde: 1; **g.** Que: 5; **h.** si: 8; **i.** Que: 9; **j.** en qué: 4.

3.2.2. Si lo considera, haga la actividad de interacción oral en grupo clase.

4 Textos

En esta unidad se pide a los alumnos que elaboren un texto argumentativo.

4.1. Pida a los alumnos que busquen a un compañero para hacer la actividad.

4.2. Explíqueles que este es uno de los posibles esquemas que pueden ayudarlos a escribir un texto argumentativo. Deje que lo miren primero y acláreles todas las dudas que tengan.

Etapa 13

Esta unidad trata de acercar al estudiante a la geografía de Hispanoamérica a través de amplias descripciones de lugares, por ello la unidad termina con la redacción de un texto descriptivo. Con ese tema vertebral se trabajan los contenidos lingüísticos más destacables: las expresiones del tiempo atmosférico, el léxico de accidentes geográficos, los verbos *ser* y *estar*, las expresiones de ubicación y los verbos de cambio.

1 ¿Qué tiempo hará mañana?

Este epígrafe está dedicado al tiempo atmosférico y el clima. Se introducen los contenidos culturales de los partes meteorológicos y los climas de países de habla hispana. Se aprovecha para presentar algunas de las expresiones coloquiales que se utilizan con léxico relacionado con el tiempo.

 1.1. Actividad para contextualizar el tema del tiempo atmosférico. Pida a sus alumnos que observen la foto y que piensen qué les sugiere. Guíelos para observar a la gente, que va muy abrigada, los cielos nublados y los árboles desnudos, así podrá sacar el tema del frío. Pregúnteles sobre el tiempo que creen que hace.

1.1.1. Comprensión auditiva con los modelos de lengua del léxico que se utiliza en los partes meteorológicos. Llame la atención de sus alumnos hacia los mapas que tienen en sus libros y dígales que van a escuchar las predicciones asociadas a ellos, explíqueles que tienen que relacionarlas con la imagen correspondiente, se trata de una escucha de carácter general.

1. B; **2.** A.

1.1.2. Reflexión sobre los significados de vocablos relacionados con el tiempo atmosférico. Divida la clase en parejas y pídales que asocien las palabras que tienen en su libro con los símbolos utilizados en los mapas de 1.1.1.

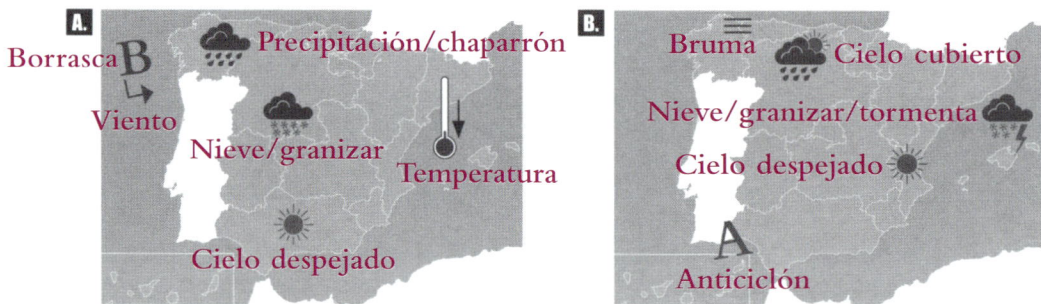

1.1.3. Sistematización del contenido lingüístico presentado en la audición. Realice una segunda escucha pidiendo a los estudiantes que completen las expresiones del cuadro. Anímelos a comparar en parejas después de escuchar y si es necesario, repita la audición antes de corregir la actividad. Resuelva las dudas de significado que tengan los alumnos.

1. Acercarse; **2.** un anticiclón; **3.** suave; **4.** Caer; **5.** tormenta; **6.** Soplar; **7.** Bajar; **8.** granizar.

I.2., I.2.I. y I.2.2. Tarea que cierra esta secuencia del epígrafe. Fotocopie las fichas 8 A y B y reparta a la mitad de la clase un modelo y a la otra mitad el otro. Anime a sus alumnos a escribir el parte meteorológico para el país que tienen en primer lugar al mismo tiempo que dibujan los símbolos sobre el mapa. Divida la clase en parejas de tal manera que cada miembro tenga un modelo de ficha diferente (A o B). Pídales que expliquen a su compañero el parte que han escrito mientras estos dibujan los símbolos en el mapa que tienen en la parte de abajo de su fotocopia. Para terminar dígales que comparen las versiones de los mapas correspondientes al mismo país para ver si hay muchas diferencias.

Ficha 8 (A y B). *Parte meteorológico.*

Actividad extra. En la pista 15 del CD puede encontrar una versión de la canción de Joaquín Sabina titulada *Parte meteorológico*. Proponemos la siguiente dinámica:
1. Escriba en la pizarra las siguientes palabras: *tormentas, viento, hielo, huracán, diluvio, gota fría* y *rayo*. Informe de que están extraídas de una canción cuyo título es *Parte meteorológico*.
2. Comente con los alumnos sus significados y promueva que se den las explicaciones necesarias.
3. Pida a sus alumnos que elijan en secreto dos de esas palabras y dígales que cuando escuchen la canción deben levantarse al escuchar la primera y sentarse al escuchar la segunda.
4. Responsabilice a cada estudiante de observar a un compañero para saber qué palabras ha elegido.
5. Ponga la canción y pregúnteles por las palabras elegidas por el compañero que han observado.

I.3. Actividad opcional, si cree que sus alumnos tienen interés en el léxico y la información relacionada con los climas de los países de habla hispana, le recomendamos que haga esta y la siguiente actividad. Empiece por realizar el rellena huecos del texto que confirma que los alumnos comprenden los significados de esas tres unidades léxicas.

    a. latitud; **b.** altitud, nivel del mar.

I.4. y I.4.I. Recorte las tarjetas de la ficha 9 y distribúyalas entre los alumnos. Pídales que empiecen a completar el cuadro que tienen en su libro con la información que les proporciona su tarjeta. Se trata de que tomen notas de lo más importante. Anímelos a extraer un máximo de tres o cuatro ideas. Después, invítelos a que pongan en común toda la información en grupo clase a fin de completar los espacios que todavía tienen vacíos en el cuadro.

Ficha 9. *Climas hispanos.*

I.5. Actividad para presentar algunas expresiones coloquiales frecuentes que contienen léxico relacionado con el tiempo. Recorte las tarjetas de la ficha 10 y reparta un juego a cada pareja o trío. Pídales que intenten deducir el significado de las expresiones en negrita por el contexto e infórmeles de que las tarjetas tienen los significados de dichas expresiones para ayudarles o bien a deducirlo o bien a comprobarlo. Realice una puesta en común para aclarar las posibles dudas que hayan surgido.

    1. B; **2.** H; **3.** D; **4.** E; **5.** J; **6.** I; **7.** C; **8.** G; **9.** F; **10.** A.

Ficha 10. *Expresiones coloquiales.*

I.5.I. A modo de fijación, anímelos a que escriban con sus propias palabras los significados de las expresiones. Le recomendamos que compruebe si son acertados o no.

I.6. y **I.6.I.** Actividad para practicar las expresiones coloquiales presentadas. Recorte los cuestionarios y divida la clase en tríos. A cada alumno de un grupo dele un modelo de tarjeta (A, B o C). Pídales que escriban dos preguntas más utilizando las expresiones. Hágales notar que las tres que ya tienen les pueden servir como modelo. Cuando hayan terminado, invítelos a hacerse las preguntas en los tríos.

 Ficha 11. *¿Puedo preguntarte?*

2 Geografía hispana

Es en este apartado donde se profundiza sobre el componente cultural de la geografía del mundo hispano, a través del cual se trabaja el léxico relacionado con el tema, se contrastan los verbos *ser* y *estar* y se presentan otras formas de referirse a la ubicación.

2.I. Para contextualizar y motivar el tema se ofrecen fotos de diferentes paisajes o mapas de Hispanoamérica o España. Pídales a sus estudiantes que observen las fotos y que digan si conocen esos lugares o dónde creen que podrían estar (continente, país, región...). Se ofrece transparencia con las mismas imágenes por si quiere proyectarla.

 Transparencia 4. *Geografía hispana.*

2.I.I. Informe a sus alumnos de que las fotos anteriores representan distintos accidentes geográficos. Anímelos a que lean sus definiciones y que las relacionen con las imágenes de 2.1. Seguramente será difícil identificar en las fotos el accidente geográfico que se pretende mostrar, le recomendamos que se apoye en las definiciones para solventar este eventual problema.

1. río; **2.** lago; **3.** glaciar; **4.** cataratas; **5.** golfo; **6.** bahía; **7.** volcán; **8.** llanura; **9.** meseta; **10.** desierto; **11.** estrecho; **12.** cordillera.

2.I.2. Una vez que ha introducido el vocabulario, se propone esta actividad para presentar el contenido cultural relacionado: algunos de los lugares más relevantes de Hispanoamérica y España que cuentan con los accidentes geográficos presentados. Recorte las tarjetas de la ficha 12 y repártaselas a los alumnos para que las relacionen con las imágenes. Si ha proyectado las fotos, puede pedirles que las peguen junto a la que corresponda.

1. El río Paraná (Argentina, Brasil y Uruguay); **2.** El lago Titicaca (Bolivia y Perú); **3.** El glaciar Upsala (Argentina); **4.** Las cataratas de Iguazú (Argentina y Brasil); **5.** El golfo de México (océano Atlántico); **6.** La bahía de la Habana (Cuba); **7.** El volcán Nevado del Ruiz (Colombia); **8.** La Pampa (Argentina); **9.** La meseta de Castilla (España) **10.** El desierto de Atacama (Chile); **11.** El estrecho de Gibraltar (al sur de España); **12.** La cordillera de los Andes (oeste de Suramérica).

2.2. Práctica del léxico de 2.1., si lo cree conveniente, realícela. Divida la clase en dos grupos y pida un voluntario de cada uno que se situarán de espaldas a la pizarra. Escriba una de las palabras de accidentes geográficos en la pizarra y pida al resto del grupo que puede verla que se la expliquen a su compañero sin gestos. El primer grupo que la acierte tiene un punto. Repita la actividad y vaya contabilizando los puntos para saber quiénes han ganado cuando ponga fin a la competición.

2.3. y **2.3.1.** Esta tarea tiene dos objetivos. Por una parte se pretende acercar al alumno a algunas palabras útiles para la descripción de lugares y por otra se ofrecen muestras de lengua con frases en las que se intensifica una parte del discurso. En primer lugar confirme que sus estudiantes conocen las palabras subrayadas, si tienen alguna duda, pídales que se las expliquen entre ellos. Después póngalos en parejas y pídales que piensen de qué fotos de 2.1. podrían decir cada una de esas frases.

2.3.2. Sistematización de los recursos empleados para intensificar el discurso que se han introducido en la actividad anterior. Invite a los alumnos a observar los ejemplos en negrita y a que los clasifiquen en el cuadro.

1. calurosísimo; **2.** tranquilo tranquilo; **3. a.** una maravilla; **b.** grandioso, impresionante; **c.** me fascina; **d.** extraordinariamente; **4.** incluso.

> Otros ejemplos de estos recursos para intensificar el discurso son:
>
> **1. Palabras con una marca semántica de significado más intenso:**
> - sustantivos: *monstruo, caos, desastre, preciosidad, prodigio…*
> - adjetivos: *genial, fantástico, magnífico, excelente, espectacular, fatal, bárbaro* (Hispanoamérica),…
> - verbos: *cautivar, encantar, maravillar, detestar, diluviar…*
> - adverbios: *estupendamente, increíblemente, horrorosamente…*
>
> **2. Marcadores del discurso de intensificación:** *hasta, es más…*

2.4. Práctica de lenguaje que integra los contenidos presentados en las actividades anteriores. Invite a los estudiantes a que se levanten y se formulen las preguntas propuestas. Cuando encuentren a alguien que responda positivamente, dígales que pueden escribir su nombre en la columna correspondiente y preguntar por más detalles que pueden anota en la siguiente columna.

2.5. Con el fin de recordar a los alumnos cómo se leen en los dictados los signos de puntuación se ofrece esta actividad de relacionar. Proporcione las aclaraciones necesarias sobre las palabras entre paréntesis.

1. c; **2.** f; **3.** a; **4.** e; **5.** b; **6.** g; **7.** d; **8.** h.

2.5.1 y **2.5.2.** Dictado de carreras con el texto que encontrará en la ficha 13. Fotocópielo por duplicado y péguelo sobre las paredes en dos lugares diferentes del aula. Divida a los alumnos en parejas y pídales que cierren el libro. Dígales que un miembro de cada una tiene que levantarse para dictar a su compañero el primer párrafo del texto que encontrarán en la pared. Especifique a qué lugar debe ir cada pareja. Infórmeles que cuando lleguen al segundo párrafo los integrantes de la pareja intercambiarán sus papeles. Dote a la actividad de sentido de competición. Cuando terminen de dictarse, dígales que comparen sus textos con la versión original que tienen en su libro.

Etapa 13

Ficha 13. *Dictado de carreras.*

2.5.3. Reflexión sobre algunos usos de *ser* y *estar*. Guíe la atención de los alumnos hacia el cuadro gramatical y pídales que miren los ejemplos para comprobar que entienden todos los usos. A continuación, dígales que clasifiquen los ejemplos, identificados con el verbo en negrita, del texto de 2.5.1. En el cuadro se ofrecen otros ejemplos para facilitar la tarea. Recuerde que el verbo *ser* no puede combinarse con adverbios ni con gerundio.

SER: b. Sus calles eran estrechas y rectas; **d.** Las grandes fiestas son en esta Plaza de Armas; **e.** El Inti Raymi es el 24 de junio; **h.** Cusco es el principal centro turístico del país; **j.** Muchos habitantes son agricultores; **l.** En 1983 fue declarada Patrimonio de la Humanidad; **n.** Las paredes de los edificios del centro eran de piedra.

ESTAR: b. Los habitantes estaban siempre contentos; **d.** La ciudad de Cusco está en el sur de Perú; **g.** En los suburbios estaban hechas de adobe; **h.** Su gran plaza estaba dividida en dos partes; **j.** El gobierno siempre ha estado con el turismo; **l.** Ahora está hecha toda una ciudad moderna.

2.6. Actividad de completar espacios en blanco. Pida a sus alumnos que piensen en qué verbo debe ir en cada hueco a la vez que eligen el tiempo correcto para escribirlo en los huecos.

1. son; **2.** es; **3.** era; **4.** es; **5.** es; **6.** estuvo; **7.** fue; **8.** está; **9.** fue; **10.** son; **11.** Estamos; **12.** son; **13.** está; **14.** está; **15.** son; **16.** estaba.

2.6.1. Para dotar de más significatividad a la tarea anterior se propone una discusión en parejas sobre las frases que han completado. Invítelos a relacionar esas frases con un lugar de América Latina, así además seguirá introduciendo más contenidos culturales. Proyecte la transparencia 5 con el mapa para ayudarles a generar ideas. Tenga en cuenta que alguna de las frases no tienen una solución cerrada.

1. Argentina; **2.** Cusco (Perú); **3.** México; **4.** Colombia; **5.** México; **6.** Chile; **7.** Perú; **8.** Costa Rica; **9.** México; **10.** Colombia; **11.** Perú, Chile, Ecuador, Colombia; **12.** México; **13.** Chile, Argentina; **14.** Perú; **15.** Isla de Pascua (Chile); **16.** Cuba.

Transparencia 5. *Mapa de Hispanoamérica.*

2.7. y **2.7.1.** Tarea de comprensión lectora con múltiples objetivos: desarrollo de esta destreza lingüística, introducción de datos sobre Cuba y mostrar ejemplos del contenido lingüístico que se trabaja en 2.7.2. Comience sondeando el conocimiento que tienen sus alumnos sobre la isla, pregúnteles si han estado alguna vez en ella. Para activar más su conocimiento previo, anímelos a discutir en parejas sobre las posibles respuestas a las preguntas de su libro. Tranquilícelos si no tienen mucha información, ya que luego se la va a proporcionar el texto. A continuación, pídales que lean el texto para comprobar si sus respuestas eran acertadas o buscar las que les falten.

1. En el Mar Caribe; **2.** Sus ciudades, parajes naturales, las playas y sus productos; **3.** La Habana y Santiago de Cuba; **4.** El Malecón (paseo marítimo); **5.** Por sus playas; **6.** Preciosos: aguas turquesa, arena blanca y fina, barreras de corales, etc.; **7.** Tabaco; **8.** En la provincia de Pinar del Río.

2.7.2. Reflexión sobre algunas palabras relacionadas con la ubicación de un lugar. Haga notar a sus alumnos que el verbo *estar* en su significado de localización tiene algunos sinónimos. Infórmelos de que pueden encontrar algunos en el texto anterior, además de algunas locuciones y adjetivos que sirven para determinar el lugar. Pídales que vuelvan a leer el texto deteniéndose en las palabras resaltadas para completar el cuadro.

b. hallarse; **c.** quedar; **e.** limitar; **1.** medio; **4.** orilla; **6.** largo; **10.** cercano.

2.8. y **2.8.1.** Práctica de lenguaje. Active su conocimiento del mundo invitando a sus alumnos a localizar Uruguay en Sudamérica. Si lo cree apropiado, puede utilizar la transparencia 5 de la actividad 2.6.1. Propóngales que practiquen las estructuras de localización escribiendo cinco frases relacionadas con el mapa. Cuando terminen, póngalos en parejas para que comparen sus producciones y ver si coinciden en algo.

2.9. y **2.9.1.** Tarea final del epígrafe. Llegados a este punto de la unidad se habrán generado varias ideas sobre lugares de Hispanoamérica y España. Empiece con una pequeña interacción oral invitando a los alumnos a que compartan sus experiencias viajeras directas o de tipo indirecto (visionado de documentales, lectura de artículos, etc.). Propóngales la elaboración de un mural con lugares que a ellos les gusten. Siga los pasos expuestos en el libro del alumno. Le recomendamos que lleve algunas fotos por si algún alumno necesitara un poco más de guía, así puede elegir entre las que usted aporte.

3 Los nuevos mundos modernos
● ●

Es sabido que el continente americano se ha conocido durante siglos con la denominación de "el Nuevo Mundo". Frente a este mundo, que ya no es tan nuevo, recientemente han ido apareciendo otros de carácter más artificial, a ellos se dedica este epígrafe. Dubái es el tema central y con su transformación se introducen los verbos de cambio.

3.1. Con el objeto de contextualizar el tema del epígrafe se propone esta interacción oral en grupo clase. Deje a sus alumnos que lean las preguntas y piensen sobre ellas antes de realizar la puesta en común. Es probable que ya en esta actividad se mencione la ciudad de Dubái, si es así, aprovéchelo para hacer el tránsito a la siguiente, si no, provoque usted su alusión.

3.2. Comprensión auditiva para presentar los verbos de cambio. Una vez que ya ha sacado el tema de Dubái, contextualice esta audición informando a los estudiantes de que van a escuchar una conversación que habla del tema de su espectacular transformación. El diálogo es entre dos españolas, una de ellas vive en este emirato. Explique la tarea de completar la información que falta en la columna central ("después del cambio") y advierta de que ahora no deben prestar atención a la columna derecha ("verbo que utiliza para expresar el cambio"). Corrija la actividad después de escuchar y comparar en parejas.

1. Ciudad animada y tecnológicamente avanzada; **3.** 50 000 millones de euros; **4.** Ciudad artificial y exclusiva; **6.** El puerto más importante del Golfo Pérsico; **8.** Arenas de color naranja con diferentes tonalidades; **9.** Los turistas están dormidos.

3.2.1. Vuelva a poner la audición para completar la columna derecha. Como esta escucha es más selectiva, haga alguna pausa si lo considera conveniente.

1. convertir en; **2.** volverse; **5.** hacerse; **6.** convertirse en; **7.** ponerse; **9.** quedarse.

3.2.2. Reflexión gramatical sobre el uso de los verbos de cambio. Pida a sus alumnos que observen el cuadro que acaban de completar con la audición y las explicaciones de los verbos que tienen en esta actividad. Dígales que escriban cada verbo en el espacio que le corresponde. Aproveche para recordarles que el verbo *ponerse* que aprendieron con las comparaciones estereotipadas en la unidad 1 tiene significado de verbo de cambio. Si piensa que es útil entregársela, se ofrece la transcripción de la audición en la ficha 14.

1. convertir(se); **2.** ponerse; **3.** volverse; **4.** hacerse; **5.** quedarse.

 Ficha 14. *Dubái.*

3.3. Práctica de lenguaje que persigue la finalidad de mecanizar algunas colocaciones frecuentes con verbos de cambio. Fotocopie la ficha 15 y reparta un único modelo (A, B o C) a cada alumno, teniendo en cuenta que luego hará tríos. Dígales que centren su atención en la columna derecha ("dices") y pídales que combinen cada verbo con una de las palabras o expresiones que tienen en la parte de abajo del cuadro. Aunque se ofrece la solución, no es necesario que la haga si no le parece conveniente, ya que cuando realicen el oyes-dices la propia actividad propiciará la autocorrección.

 Ficha 15. *Oyes-dices.*

A. hacerse taxista; convertirse al islam; volverse insoportable; quedarse quieto; ponerse moreno. **B.** quedarse calvo; volverse egoísta; hacerse mayor; ponerse colorado; convertirse en la meca del cine. **C.** volverse más flexible; hacerse budista; quedarse sordo; convertirse en campeón del mundo; ponerse pálido.

3.3.I. Forme grupos de tal manera que quede al menos un representante de cada letra en cada uno. Comienza el alumno que tiene la tarjeta identificada con la A diciendo "hacerse taxista". Quien tenga esta expresión en su columna "oyes" debe continuar con la expresión que tiene a su derecha, en este caso "quedarse calvo" (tarjeta B). Así sucesivamente hasta que lleguen al final.

3.4. En la ficha 16 se ofrece otra práctica de los verbos de cambio. Fotocopie los dos tipos de ficha, A y B. Reparta solo uno a cada alumno intercalando las letras. En primer lugar, pídales que trabajen de manera individual completando con verbos de cambio las frases que tienen en la primera parte de la ficha. Después anímelos a mirar los dibujos de la segunda parte y a que piensen qué cambios se podrían producir, pídales que lo escriban en el espacio correspondiente.

1. se quedó; **2.** se ha convertido; **3.** se hizo; **4.** se hizo; **5.** se volvió; **6.** se hizo; **7.** se convirtió.

 Ficha 16 (A y B). *Cambios.*

3.4.I. Empareje a sus alumnos, un A con un B, y pídales que expliquen sus hipótesis sobre los dibujos de la segunda parte de la ficha y que las comparen con las versiones que tienen sus compañeros.

3.5. Como actividad opcional se propone esta interacción oral para hablar de otros lugares que han sufrido transformaciones importantes. Proyecte las fotos de la transparencia 6 para generar ideas.

> **Shanghái** es la ciudad más poblada de China. En 1990 la zona de rascacielos que aparece en la imagen junto al río Yangtsé estaba completamente desierta. En la década de los 90, Shanghái experimentó un espectacular crecimiento financiero y turístico, se convirtió en la sede de numerosas empresas multinacionales y se construyeron modernos rascacielos. En el primer plano de la foto vemos la Torre de la Perla Oriental, que es uno de los edificios más altos de China.

Las Vegas empezó a desarrollarse en 1931 cuando se legalizó el juego. En la década de los 40 se comenzaron a construir hoteles con casinos y poco a poco se ha ido extendiendo formando nuevos barrios y convirtiéndose en la ciudad de las luces de neón que es hoy.

São Paolo ha crecido sobre todo de manera vertical, lo que se traduce en esa gran cantidad de rascacielos que se ven en la imagen. Es la tercera ciudad del mundo en número de grandes edificios (solo Hong Kong y Nueva York están por delante). Los grandes edificios de la ciudad empezaron a ser construidos hace cerca de un siglo. El edificio Mirante do Vale es conocido como el rascacielos más alto de Brasil, con 172 metros y 51 pisos. Actualmente existen restricciones para seguir construyendo rascacielos a fin de evitar el aumento de la densidad de población.

Bilbao se ha transformado admirablemente en los últimos 20 años. En la década de los 80 era una ciudad industrial, contaminada y nada atractiva. Cuando la industria entró en decadencia se apostó por el arte y en el año 97 se inauguró el Museo Guggenheim. Con la renovación de su entorno, la recuperación de la Ría y la construcción de otros edificios por arquitectos de primer orden se ha convertido en una de las ciudades más modernas y atractivas de Europa.

En **Kuala Lumpur** junto a barrios antiguos se alzan rascacielos que parecen no tener fin. Las Torres Petronas de 1998 (en la foto) son las torres gemelas más altas del mundo y uno de los edificios más conocidos de la ciudad. Se pueden ver casi desde cualquier ángulo. A finales del siglo XX el auge de la zona se reflejó en modernas construcciones como el aeropuerto o el circuito de automovilismo de Sepang.

Abu Dabi ha sufrido un rápido desarrollo y urbanización impulsado por la riqueza del petróleo y el gas, al igual que otros emiratos que eran solo desierto. Este hecho unido a la elevada renta media de su población, ha impulsado su transformación en la última década del siglo XX y primera del XXI. Actualmente es sede de importantes instituciones financieras y empresas multinacionales. En la foto se ven algunos edificios de oficinas.

 **Transparencia 6.** *Ciudades con cambio.*

3.6. y **3.6.1.** Tarea para recoger información que ha salido durante toda la unidad. Divida la clase en grupos (2 o 3, depende del número de alumnos que tenga) y pídales que completen las preguntas para el concurso. Pasee por la clase para ayudarlos en lo que necesiten y generar ideas. Cuando hayan escrito todas las preguntas, lleve a cabo el concurso. Cada grupo hará sus preguntas a otro y si acierta, tendrá un punto. En caso de tener más de dos grupos, puede hacer rebote para dar la oportunidad de responder a otro. Finalice la actividad declarando un equipo ganador.

4 Textos

• •

En esta unidad se propone a los estudiantes que elaboren un texto descriptivo.

4.1. y **4.1.1.** Comprensión lectora que sirve como modelo textual. Motive la actividad comentando la frase de 4.1.: se refiere a Ushuaia, en el sur de Argentina. Pida a sus alumnos que relacionen cada párrafo con su explicación.

1. C; **2.** D; **3.** B; **4.** A.

4.2. Siga las instrucciones que aparecen en el libro del alumno y resuelva las dudas que tengan. Es conveniente que recuerde las características de los textos descriptivos que aparecieron en la unidad 1.

Literatura y cine contemporáneo

En esta unidad trabajamos la literatura y el cine por su potencial como fuente de inspiración para la creación de actividades comunicativas e integradoras de las cinco destrezas lingüísticas y de elementos culturales pertenecientes al mundo hispanohablante. El enfoque orientado a la acción en la enseñanza de la Lengua y de la Literatura origina la necesidad de aproximación a las distintas modalidades textuales que la persona es capaz de manejar. El estudiante va a tener que enfrentarse en muchas ocasiones a estructuras literarias que poseen un mayor grado estético en su elaboración, y que alejadas de las estructuras lingüísticas cotidianas, enriquecen el uso del lenguaje y promueven nuevos modos de ver la realidad.

I De poesía

A través de modelos textuales poéticos en este epígrafe aprovechamos para ampliar el conocimiento léxico, gramatical (oraciones de relativo) y cultural de los estudiantes, así como fomentar su interés por el gusto estético.

I.I. y I.I.I. Cuestionario para discutir acerca de sus gustos por la lectura. El hecho de que tengan que descubrir al final quién es la persona más lectora de la clase y otorgarle un premio, aporta sentido, motivación y significatividad a la actividad. El cuestionario lo pueden realizar en parejas, tríos o de pie, y la puesta en común, en grupo clase, servirá para decidir a quién darán el diploma.

 Ficha 17. *Diploma a la persona más aficionada a la lectura de la clase.*

I.2. Actividad de comprensión lectora. Antes de leer el poema, pregunte a sus alumnos si conocen a Pablo Neruda y qué saben de él. Hábleles de su fama. La declamación en voz alta de este poema inmortal servirá para trabajar la pronunciación y prosodia. Organice a los estudiantes para ensayar por grupos su fragmento ayudándoles en todo lo relativo a fonética y entonación antes de hacer la declamación definitiva. Para esta, coloque a los alumnos sentados en semicírculo: cuando les llega su turno de leer en alto, el grupo se pondrá de pie. Al final, corrija lo que considere necesario y anímelos a hablar sobre los versos que más les han gustado y a justificar su elección.

I.2.I. Lectura de poemas de algunos artistas representativos de la poesía española de la segunda mitad del siglo XX. Explique a sus estudiantes que, a pesar de que en los libros aparece con más frecuencia la poesía de primera mitad del siglo (Lorca, Machado, Generación del 27, etc.), en la segunda mitad ha habido movimientos literarios interesantísimos (profundizarán en ellos en la siguiente actividad) y que van a leer tres poemas de tres representantes de estos. Organice la clase en parejas para que hagan la tarea en cooperación. Resuelva los problemas de vocabulario al final, brindando siempre la posibilidad de que, si algún estudiante conociera su significado, sea él quien se lo explique al resto de compañeros. Corrija finalmente la actividad, pongan en común los títulos inventados por los grupos y compárenlos con los originales.

1. La caída; **a.** cada dos milenios; **b.** Sé paciente, con mi corazón; **2.** A la inmensa mayoría; **c.** comprendió: y rompió todos sus versos; **d.** ¡Aquí! ¡Llegad! ¡Ay! Ángeles atroces; **3.** Blancanieves se despide de los siete enanos; **e.** el viento agita raídos cortinajes; **f.** Pañuelos que se pierden en el horizonte.

1.2.2. Actividad opcional de comprensión lectora para conocer algo más de los movimientos poéticos de segunda mitad del siglo XX. Le animamos a realizarla si su grupo de estudiantes muestra interés por profundizar en la literatura española. Recorte los textos de la ficha 18 y colóquelos pegados por las paredes de la clase. Invite a los alumnos a ponerse de pie para leer e ir completando el cuadro con la información de los mismos. Permita que comparen sus esquemas al final.

Ficha 18. *Algunos momentos en la historia de la poesía de segunda mitad del siglo XX.*

1.3. Presentación de sinónimos de la palabra "nostalgia". El objetivo de la actividad es ampliar la competencia léxica y fomentar la sensibilidad de los aprendices por las colocaciones léxicas. Las diferencias de uso entre una u otra palabra son muy sutiles como podrán apreciar y, en muchos casos, pueden combinarse sin problema.

1. evocación; **2.** recuerdo; **3.** rememorando; **4.** melancolía / nostalgia; **5.** nostalgia; **6.** añoranza / evocamos; **7.** meditación.

1.3.1. Lectura y recital de micropoemas. Este género literario está cargado de una gran fuerza expresiva. *La poesía es un arma cargada de futuro* es el conocido título de un poema del escritor vasco Gabriel Celaya. La micropoetisa madrileña Ajo, aprovecha este verso para crear uno de sus micropoemas. Explique a sus estudiantes que los lean rápidamente y que memoricen uno. Colóquelos en dos filas: el primer miembro de cada fila debe dictar al oído, y en voz baja, rápidamente, su micropoema al compañero de al lado, y este al siguiente, y así hasta acabar la ronda. El último estudiante de la fila que ha recibido el texto oral lo escribe en la pizarra. Lo normal es que lo que escriba sea algo ya muy distorsionado. Al final, lo compararán con el texto original (técnica del teléfono roto o escacharrado que probablemente ya conozca).

Después, deje tiempo a sus alumnos para leer el resto de micropoemas con calma, para comentar lo que les sugieren y para hablar del que más les haya gustado.

1.4. Comprensión auditiva en la que los estudiantes escucharán dos poemas. Explíqueles que sus autores son dos grandes figuras de la poesía hispana. La tarea: dibujar todo aquello que les vaya evocando el audio, les concentra en la parte creativa del lenguaje y les relaja de la carga lingüística que habitualmente acompaña la clase de español. Al mismo tiempo, atiende a estilos de aprendizaje más creativos de muchos de nuestros estudiantes.

> **Claudio Rodríguez** fue un poeta español (Zamora 1934 - Madrid 1999). Antes de cumplir los veinte años, en 1953, obtuvo el premio «Adonais», al que siguieron luego el premio «Nacional de la Crítica», el «Nacional de Literatura y el de Poesía» y el «Príncipe Asturias de las Letras» entre otros. En 1987 fue elegido miembro de la Real Academia Española de la Lengua.
>
> **Octavio Paz** fue un destacado escritor y diplomático nacido durante la Revolución en Ciudad de México el 31 de marzo de 1914, y fallecido en la misma ciudad el 19 de abril de 1998. Su obra, influenciada desde temprano por poetas europeos de la talla de Juan Ramón Jiménez y Antonio Machado, comprende tanto denuncias de carácter social como análisis de naturaleza existencial. Entre sus poemarios destacan *Libertad bajo palabra* y *Salamandra*.

I.4.I. Presentación de léxico: adjetivos con valor superlativo para ampliar su competencia léxica y favorecer una mayor riqueza expresiva en las composiciones escritas que realizarán a lo largo de la unidad. Se trabaja al mismo tiempo la competencia colocacional al hacer consciente al aprendiz de las redes asociativas que unen a algunos de estos adjetivos con otras categorías de palabras: *comida suculenta, viento huracanado, lluvia torrencial,* etc.

1. g; **2.** b; **3.** j; **4.** d; **5.** e; **6.** i; **7.** a; **8.** f; **9.** h; **10.** c.

I.5. Comprensión auditiva donde se escuchará la versión de este poema por Paco Ibáñez, célebre cantautor español en los años 70 que fue coreada en infinitas reuniones y conciertos de la época de la transición española. La canción de este autor está disponible en *YouTube*, ya que aquí hemos incorporado una versión. Con esta tarea, se pretende un acercamiento relajado al texto. Escriba las palabras sugeridas en la pizarra y explique a los alumnos que van a escuchar este celebérrimo poema y que deberán ponerse de pie cada vez que escuchen las palabras indicadas.

I.5.I. Actividad de expresión escrita que desarrolla el aspecto lúdico y creativo en el aula. Divida la clase en dos grupos y deje tiempo para que completen sus estrofas correspondientes y el estribillo. Pásese por los grupos corrigiendo y ayudando. Una vez finalizado, déles tiempo para decidir con qué tipo de música van a cantar su versión y para ensayarlo. Cuando estén preparados, comenzará el concurso de canciones. Si cuenta con Internet en el aula, ponga música del estilo elegido por cada grupo para arrancar el recital.

2 De novela

En este epígrafe se ofrece una breve panorámica de la novela en lengua española de la segunda mitad del siglo XX a la vez que se aprovecha para presentar las oraciones de relativo y el funcionamiento de la tilde y de la coma acorde a los contenidos programados para un estudiante de nivel B2.

2.I. Actividad de contextualización y motivación para introducir información sobre novelas y escritores relevantes del panorama narrativo hispano de la segunda mitad del siglo XX. El hecho de que los alumnos imaginen los argumentos a partir de las portadas está despertando su curiosidad y activando conocimientos previos sobre el tema. Antes de lanzarles a hablar, pregunte a sus estudiantes si conocen algún autor de narrativa hispana o si han leído algún libro, etc.

2.I.I. Comprensión lectora para conocer los argumentos de las novelas anteriores. Antes de que empiecen a leer, pregunte si conocen las siguientes palabras y preenséñelas: estirpe, levitación, premonición, iconoclasta, ruindad e impunidad. Brinde la oportunidad a los estudiantes de explicar las palabras al resto de la clase en caso de que alguien conozca su significado.

2.I.2. Actividad de reflexión el la que se busca la inferencia de reglas por parte del alumno. Dirija la atención del alumnado sobre las palabras resaltadas en los textos y pregunte a qué categoría gramatical pertenecen: son relativos. Organice la clase en parejas para que juntos completen los ejemplos del cuadro que extraerán de los textos anteriores (son los modelos de lengua) sin intervenir mientras ellos reflexionan. Pásese por detrás de los alumnos para verificar que lo van completando correctamente y aproveche para ayudar a los estudiantes que tengan mayor dificultad en ello.

2.1.3. Práctica de lenguaje formal de los relativos para ayudar a mecanizar su uso. Divida la clase en dos grupos: deberán completar el hueco con un relativo y pensar en la respuesta correcta. Después, se harán las preguntas un grupo a otro y ganará el que mejor responda.

EQUIPO A: 1. cuyo; **2.** a quien; **3.** aquel. **EQUIPO B: 1.** cuya; **2.** donde / en el que; **3.** con lo que.

2.1.4. Práctica de léxico: adjetivos que califican el estilo de un escritor. El objetivo es enriquecer el vocabulario del estudiante de nivel B2 a la hora de hacer una valoración sobre el estilo de un texto. Deje unos minutos para que los alumnos completen las columnas y corríjalo en la pizarra permitiendo a dos estudiantes salir a escribir la solución.

Adjetivos con connotación positiva: ágil, brillante, claro, conciso, directo, elegante, sencillo, sobrio, sublime, fluido, preciso, puro.

Adjetivos con connotación negativa: hueco, académico, afectado, amanerado, ampuloso, barroco, grandilocuente, monótono, retorcido, efectista.

2.2. y **2.2.1.** Lectura de un cuento literario del escritor uruguayo Eduardo Galeano que nos sirve de excusa para trabajar las tildes y la coma y hacer al estudiante consciente de la necesidad del conocimiento de las reglas de acentuación. Para motivarlo, presente el título del texto y deje que en parejas o tríos hablen sobre sus abuelos. Luego, explique la tarea que tendrán que realizar individualmente para, posteriormente, compararlo en parejas antes de proyectar el texto de la ficha 19 que servirá para hacer la corrección definitiva. Resuelva las dudas pertinentes. A continuación le presentamos la información que ofrece el *Plan Curricular* del Instituto Cervantes sobre el uso de la coma y que deberían conocer los estudiantes en el nivel B1 y B2.

B1 • LA COMA

- Significado de la coma en la estructuración del discurso: separación de componentes de un enunciado.
- Ausencia de coma en las oraciones relativas especificativas: *La novela que estoy leyendo me gusta mucho. / La novela, que estoy leyendo en el metro, me gusta mucho.*
- Vocativos en posición intermedia:
  - *Jaime dijo: «Oye, María, yo creo que [.]».*
- Fechas en cartas y documentos, con mención de lugar: *Lima, 15 de diciembre de 1964.*
- Incisos en el enunciado:
  - Aposición explicativa: *Juan, mi hermano, vendrá mañana a cenar con nosotros.*
  - Delante de coordinadas adversativas y distributivas: *Fui a la playa, aunque no hacía mucho calor. / Uno dice sí, otro dice no.*

B2 • LA COMA

- Incisos en el enunciado
  - Mención al enunciador: *Ganar, dice Carlos, es posible.*
  - Aclaraciones: *Tiene buen equipo, es decir, muchas posibilidades de ganar.*
  - Comentarios: *Hoy en día, como todo el mundo sabe,…*
  - Detrás de adverbios y locuciones adverbiales como modificadores oracionales: *Vino y, entonces,… / Evidentemente, la película empezó a las siete.*
- Enumeraciones con verbo elidido: *El salón es grande; las habitaciones, pequeñas.*
- Incisos en el enunciado:
  - Relativas explicativas: *La profesora, que es mexicana, es muy buena.*
- Anteposiciones de apellidos: *De Cervantes, Miguel.*

Ficha 19. *Texto Eduardo Galeano.*

Eduardo Galeano (Montevideo, 1940) es un periodista y escritor uruguayo, ganador del premio Stig Dagerman. Está considerado como uno de los más destacados escritores de la literatura latinoamericana. Sus libros más conocidos, *Memoria del fuego* (1986) y *Las venas abiertas de América Latina* (1971), han sido traducidos a veinte idiomas. Sus trabajos trascienden géneros ortodoxos, combinando documental, ficción, periodismo, análisis político e historia.

2.2.2. Actividad para profundizar en el empleo de las tildes. Forme grupos de cuatro personas y dé un tiempo para que piensen en las respuestas antes de ponerlo en común con el resto de la clase. Recuerde al final las reglas de acentuación generales de las palabras agudas, llanas y esdrújulas, así como de monosílabos y demostrativos (recuerde las nuevas reglas ortográficas según las cuales ya no llevan tilde los demostrativos excepto en caso de posible ambigüedad en la interpretación de la frase) activando siempre el conocimiento previo de sus alumnos.

1. F, son las llanas; **2.** F; **3.** V; **4.** V; **5.** F; **6.** V; **7.** F; **8.** V; **9.** V; **10.** F, siguen la regla general.

2.2.3. Actividad de léxico para fomentar estrategias de aprendizaje de los estudiantes acudiendo a su capacidad para descubrir significados por el contexto. Permita que los alumnos escriban las posibles definiciones y que lo corrijan posteriormente comparando sus respuestas con las del resto de parejas. Recuerde el significado de *ser un/a pelagatos*: persona socialmente insignificante, sin posición económica. *Montar en pelo*: sospechamos que es una expresión uruguaya cuyo significado no aparece en el *Diccionario de americanismos* y que no hemos sido capaces de verificar.

2.2.4. **Actividad opcional** que recomendamos realizar si su grupo de estudiantes es aficionado a las teatralizaciones. Una actividad de este tipo necesitará al menos, media hora para su preparación, realización y posterior corrección. En cuanto a esta, corrija en primer lugar los textos que escriban antes de pasar a la representación. Durante ella, tome nota de los errores cometidos por *los actores* para hacer una corrección al final de la actividad. Brinde siempre a los alumnos la oportunidad de corregir los errores cometidos antes de dar usted la solución en caso de que nadie supiera dar con ella.

Actividad extra. Para grupos de estudiantes jóvenes puede resultar motivador escuchar la canción del grupo Che Sudaka sobre *El Libro de los abrazos* de Eduardo Galeano que encontrará en *YouTube*.

2.3. Actividad comunicativa de la lengua para desarrollar la interacción oral y la capacidad de defender sus opiniones y verbalizar con coherencia y cohesión sus puntos de vista sobre temas de mayor profundidad. Deje unos minutos para tomar notas a cada alumno antes de formar los grupos de discusión.

Javier Marías (Madrid, 1951) es uno de los escritores españoles contemporáneos más aclamados por la crítica. Columnista del suplemento dominical del diario español *El País,* es famoso por sus ácidas opiniones sobre la actualidad. Autor de, entre otras, *Todas las almas, Corazón tan blanco* y *Mañana en la batalla piensa en mí.* Ha obtenido prestigiosos galardones internacionales y ha rechazado algunos otros.

2.4. y **2.4.I.** Actividad para trabajar la expresión escrita y la comprensión auditiva. Motive la actividad introduciendo el tema de los microrrelatos: *¿Sabéis lo que son? ¿Habéis leído alguno alguna vez? ¿Qué extensión creéis que tienen?* Explique que el libro les ofrece el principio de tres microrrelatos de tres grandes figuras de la literatura hispana (Augusto Monterroso, José Luis Borges y Max Aub). Forme tríos para que, juntos, escriban un microrrelato con el principio dado que leerán posteriormente al resto de los compañeros. Para finalizar, ponga el audio donde escucharán los relatos originales: deberán prestar atención para compararlo después con sus escritos.

2.5. y **2.5.I.** La noticia sirve de motivación para hablar de las lecturas que han marcado sus vidas. Se puede contextualizar hablando de cómo las humanidades han perdido presencia en muchos programas educativos y repasando la realidad del tema en sus países. A continuación, invite a leer el texto a los alumnos para ver si a ellos también podría pasarles lo mismo y luego, ejemplifique dando el título de algún libro que le haya marcado a usted: fomente que los estudiantes le hagan preguntas sobre ello. Después, invítelos a pensar en tres libros que recuerden con especial cariño. Si no son muy lectores, diles que recuerden cuentos de la infancia o algún cómic. Un estudiante puede salir a la pizarra a anotar los que van diciendo los compañeros, y al final, se descubrirá si hay alguno repetido.

3 De cine

Presentamos en este epígrafe una breve panorámica del cine español e hispanoamericano contemporáneo, de alguno de sus protagonistas y de algunas afamadas películas con el fin de ampliar la visión sobre el tema de los estudiantes. Al mismo tiempo se busca provocar su interés para asomarse al mundo de la ficción fuera de la clase, lo que les llevará a seguir profundizando en el conocimiento de la lengua y cultura del español. Puede motivar el nuevo epígrafe con un juego de adivinar películas a través de mímica: a los alumnos les suele resultar muy interesante la traducción de los títulos de las películas en castellano.

3.I. Presentación de léxico relacionado con el cine con un dominó. Divida la clase en grupos de 4 o 5 y haga tantas copias de la ficha 20 como grupos tenga. Recorte las fichas y repártalas a los alumnos que deberán ir poniendo una cuando les llegue su turno: si no pueden, dicen "paso" y ceden el turno a la persona que puede continuar por la derecha. Gana el estudiante de cada grupo que antes se quede sin fichas.

 Ficha 20. *Dominó vocabulario de cine.*

3.2. Cuestionario para descubrir los gustos sobre cine de los compañeros de la clase. Intente que cada persona aventure el nombre de algún compañero que piensen que cumple los requisitos de la pregunta. Después invítelos a levantarse para preguntar a dichos compañeros y descubrir si sus hipótesis eran ciertas. Al final, sentados de nuevo, ponen en común en grupo clase la información obtenida.

3.3. Actividad para fomentar el interés por el cine contemporáneo hispano. Si alguno de sus estudiantes ha visto alguna de las películas de los carteles anime a los demás a hacerle preguntas sobre ella. También puede ejemplificar la actividad expresando su opinión sobre cuál de esas películas le gustaría ver y justificando la elección para que luego en parejas sus alumnos hagan lo mismo.

3.3.I y **3.3.2** Comprensión lectora y expresión escrita sobre famosas películas hispanas. Reparta un texto de la ficha 21 a cada estudiante (si hay más de seis, pueden compartir un mismo texto entre dos o tres) para que completen el cuadro de información de la película que les ha tocado. Posteriormente deben preguntar a sus compañeros la información sobre el resto de las películas. Son todas películas que tuvieron gran éxito de crítica y público.

 Ficha 21 (A y B). *Ficha técnica de películas.*

3.4 y **3.4.I** Actividad de reflexión sobre el uso del gerundio tratado ya en otra Etapa. Es importante, en un principio, activar los conocimientos sobre el uso de esta forma verbal que tienen sus alumnos para, en un segundo momento, darles el cuadro de reflexión que deberán completar en parejas con la información de la ficha 22 que colocará por las paredes de la clase recortada. Los ejemplos del cuadro de reflexión deberán ser completados con dicha información, no deben inventarlos los alumnos (podría ser difícil).

 Ficha 22. *El gerundio. Normas de uso.*

1. posterioridad; **2.** El gerundio expresa el modo en el que se hace la acción principal.

3.5. Actividad para dar a conocer personajes relevantes del mundo del cine hispano. Es muy probable que sus estudiantes solo hayan oído hablar de Penélope Cruz. Reparta la información de las biografías de la ficha 23 entre sus alumnos para facilitar la realización de la actividad. Deje unos minutos para que piensen a qué personaje pertenece la información y si lo desconocen, invite a que se pregunten entre ellos: *¿Alguien sabe quién participó en concursos para pagar sus pelis?*, etc. Para motivar la actividad, le recomendamos que ponga cualquier fragmento muy corto de una película donde salga alguno de estos personajes (encontrará en muchas películas de Almodóvar a Chus Lampreave, interpretando diálogos brillantes y muy divertidos).

 Ficha 23 (A, B y C). *Biografía de famosos del cine hispano.*

a. Ricardo Darín: 8, 14; **b. Penélope Cruz:** 4, 5, 13; **c. Luis Tosar:** 2, 10; **d. Chus Lampreave:** 1, 6, 9; **e. Isabel Coixet:** 3, 11, 12; **f. Santiago Segura:** 7, 15.

3.5.I. Actividad opcional que pueden realizar los aprendices consultando Internet. Podría dejarla como deberes para casa y comenzar la siguiente clase poniendo en común la información recogida por los alumnos mientras los demás intentan adivinar de qué famoso se trata.

3.5.2. Concurso sobre cine. Permita que los alumnos saquen sus móviles, i-Pads, portátiles o que vayan a algún lugar del centro para que, durante 10 minutos, consulten la información en grupos que les permita responder correctamente a las preguntas y para que completen las tres preguntas finales. Antes de empezar el concurso, pueden pensar en un nombre relacionado con el mundo del cine para el grupo (ej. Los Vengadores, Misión Posible...). Se irán puntuando las respuestas correctas: el grupo más cinéfilo será aquel que haya consultado menos información en Internet.

1. Wong Kar-Wai (*In the mood of love*); **2.** Woody Allen; **3.** Los hermanos Lumiére; **4.** Francis Ford Coppola; **5.** Helena Bonham Carter; **6.** Que se suicidó o que fue asesinada por la CIA; **7.** *The artist.*

4 Textos

En este último epígrafe, como en el resto de las unidades, los estudiantes se enfrentarán a la escritura de una nueva tipología textual: los textos narrativos y literarios.

4.1. y **4.1.1.** Explique a sus estudiantes en la pizarra los tres tipos de texto que van a realizar para que puedan elegir cuál es de su interés. Forme entonces tres grupos, reparta las pautas para la elaboración del texto correspondiente y resuelva las dudas que tengan. Dé tiempo para la elaboración de los textos: primero, promueva que se escriba una versión que será el borrador y sobre el cual, usted irá señalando los errores para que los alumnos puedan corregirlos sin su intervención directa. Una vez corregidos, reparta una cartulina de colores a cada grupo para que escriban la versión en limpio, con título y algún dibujo ilustrativo. Anime a participar a todos los estudiantes y evite que sea uno de ellos quien acapare todo el trabajo: unos pasan a limpio, otros dibujan, otros ponen el título…

> El chileno **Vicente Huidobro,** fundador del *Creacionismo* y auténtico impulsor del Vanguardismo en Hispanoamérica, fue un incansable defensor de sus ideas poéticas. El uso de un lenguaje que rompe el lazo de la unión entre lo lógico y lo real y el inusitado empleo de continuas e insólitas imágenes tiene su culminación en *Altazor,* largo poema en siete cantos que publicó en 1931, y en el que el juego verbal, el humor y la piruetea burlona no ocultan una trágica y desolada visión del mundo.
>
> **Rafael Sánchez Ferlosio** (Roma, 1927) es un escritor español –novelista, ensayista, gramático y lingüista– perteneciente a la denominada generación de los años 50 –*los niños de la guerra*–, premio Cervantes 2004 y Nacional de las Letras 2009. Su fama la debe principalmente a sus novelas *El Jarama* e *Industrias y andanzas de Alfanhuí.*

4.1.2. Presentación de las composiciones al resto de la clase. En grupo, juntos, ensayan sus escritos para presentarlos delante de los demás. Después, prepare un rincón en el aula o en los pasillos de la escuela para exponer los trabajos realizados.

Unidad 1 | Relaciones personales

1.1. **1.** A Cenicienta le hubiera gustado que su madrastra la quisiera más y la tratara como a una hija; **2.** A la madrastra de Blancanieves le habría apetecido ser la mujer más bella del mundo; **3.** El lobo habría deseado comerse a los tres cerditos; **4.** Caperucita hubiera querido que su abuela viviera más cerca; **5.** A Gepeto le habría encantado tener un hijo; **6.** A Cenicienta le hubiera gustado llevar unos zapatos más cómodos y menos pesados.

1.2. **1.** a; **2.** b; **3.** c; **4.** b; **5.** a; **6.** b; **7.** c.

1.3. **1.** Estimado señor/a; **2.** Le escribo en referencia (a); **3.** A la espera de sus noticias; **4.** Hola; **5.** ¿Qué tal?; **6.** Te escribo por lo; **7.** Besos; **8.** Queridos; **9.** Nos vemos pronto; **10.** Estimados; **11.** En relación (a); **12.** Sin otro particular, les saluda atentamente.

1.4. **1.** es que estás más sordo que una tapia; **2.** se puso como un energúmeno; **3.** come como una lima; **4.** Eres más vaga que la chaqueta de un guardia; **5.** es más agarrado que un chotis; **6.** Llegó borracho como una cuba; **7.** fumas como un carretero; **8.** Es más lento que el caballo del malo.

1.5. **1.** e, A; **2.** f, C; **3.** a, F; **4.** d, D; **5.** b, E; **6.** c, B.

1.5.1. **1.** Eres de un bobo tal, que te estrangularías con un teléfono sin cable; **2.** Era un tío tan gafe, tan gafe, que se sentó en un pajar y se pinchó con la aguja; **3.** Era una iglesia que estaba tan lejos, tan lejos, que por no ir, no iba ni Dios; **4.** Eres de un desgraciado tal, que haces llorar a las cebollas; **5.** Era un hombre tan delgado, tan delgado, que se ponía un traje de mil rayas y le sobraban 999; **6.** Era un niño tan feo, tan feo, que su madre en vez de darle el pecho le daba la espalda.

1.6. **1.** G; **2.** D; **3.** C; **4.** E; **5.** B; **6.** F; **7.** A.

1.6.1. **1.** V; **2.** F; **3.** V; **4.** F; **5.** V.

1.6.2. **A.** 6; **B.** 7; **C.** 5; **D.** 4; **E.** 3; **F.** 2, **G.** 1.

1.7. **1. Intención comunicativa:** cuenta cómo es la llegada del invierno. **Tipo de texto:** descriptivo. **Tipo de lenguaje:** abundancia de adjetivos; **2. Intención comunicativa:** argumenta contra la democracia. **Tipo de texto:** argumentativo. **Tipo de lenguaje:** abundancia de sustantivos.

1.8. Respuesta abierta.

1.9. **1.** Toledano, **2.** López, **3.** González, **4.** Martorell, Etxeberria, Pereira; **5.** Expósito; **6.** Charo.

```
Q A V A A R N T D Q O M I T Ó N J R
G O N Z A L E Z O C H A R O R U E Í
P T R Ó U F T E T E P R O B E F X D
B E S V R T Q E O E Ó T I E V B P S
S I R S C I U E L T R O U A E U Ó N
I N E E O L O P E Z P R M T N S S I
M M D G I U M C D F E E Q A D D I M
I U Í E N R S E A R S L U T E Á T U
L T P D Á Q A O N E F L R L L M O S
I S E I S U D T O M D I Ó R I K A E
E T X E B E R R I A L D P T U I E P
```

Unidad 2 El éxito

2.1. **1.** hubiera dicho; **2.** pudiera; **3.** hubiera sido; **4.** dudes; **5.** tuviera; **6.** habría/hubiera ido; **7.** conduzcas; **8.** pasaría; **9.** llueve; **10.** habría/hubiera cambiado.

2.2. **1.** Si lo hubiera sabido, no habría ido; **2.** Si no trabajara, me apuntaría; **3.** Si sigues así, te pondrás enferma; **4.** Si pudiera, cancelaría la cita; **5.** Si quieres comer bien, prueba la comida del norte; **6.** Si no hubiera estado enferma, hubiera ido.

2.3. Respuesta abierta.

2.4. **Diálogo 1:** 1, 9, 17, 6, 15; **Diálogo 2:** 3, 11, 13, 18; **Diálogo 3:** 8, 5, 4; **Diálogo 4:** 10, 12, 16, 7, 14, 2.

2.5. **1.** c; **2.** i; **3.** g; **4.** l; **5.** f; **6.** k; **7.** j; **8.** a/e; **9.** b; **10.** a/e; **11.** m; **12.** h; **13.** d.

2.5.1. **1.** b; **2.** a; **3.** a; **4.** b; **5.** a; **6.** a; **7.** a; **8.** a.

2.6. **1.** f; **2.** h; **3.** g; **4.** d; **5.** i; **6.** a; **7.** c; **8.** b; **9.** e.

2.7. **1.** eches más leña al fuego; **2.** la bronca que me echó; **3.** me echaba (mucho) de menos; **4.** va a echar el tiempo encima; **5.** me eches en cara esto; **6.** nos hemos echado para atrás; **7.** echa chispas; **8.** echarme una mano; **9.** he echado en falta.

2.8. Respuesta abierta.

2.9. **1.** merecerlo; **2.** sorprenderá; **3.** locura; **4.** valor; **5.** fama; **6.** miedos; **7.** buena suerte; **8.** diccionario; **9.** enemigos; **10.** fracaso; **11.** perseverancia; **12.** esfuerzo.

2.10. **1.** c; **2.** a; **3.** d; **4.** b.

2.11. a.

Unidad 3 Geografías

3.1. **1.** anticiclón, temperaturas, despejados; **2.** cielos, cubiertos, borrasca; **3.** chaparrón; **4.** vientos; **5.** brumas; **6.** precipitaciones, nieve; **7.** granizo.

3.2. **1.** Clima mediterráneo; **2.** Tundra; **3.** Latitud; **4.** Selva tropical húmeda; **5.** Clima desértico; **6.** Altitud; **7.** Clima tropical; **8.** Selva tropical húmedo.

3.3. **1.** Ha llovido mucho desde entonces; **2.** aguantar el chaparrón; **3.** va viento en popa; **4.** en el ojo del huracán; **5.** luchando contra viento y marea; **6.** como quien oye llover; **7.** sabe a rayos.

3.4. **1.** bahía, río, estrecho, lago; **2.** desierto, llanura, meseta; **3.** cordillera (el pico de una cordillera), volcán; **4.** estrecho; **5.** glaciar (a veces un río y un lago); **6.** cataratas.

3.5. **1.** extraordinariamente húmedo; **2.** una maravilla, bonita/impresionante/bellísima; **3.** fascina; **4.** incluso pueden acompañarte; **5.** Los Picos de Europa son escarpadísimos; **6.** es impresionante/grandioso/una maravilla, incluso puede cegarte.

3.6. **1.** a; **2.** a; **3.** a; **4.** b; **5.** b.

3.7. **Posibles respuestas: 1.** Estoy de... soy...; **2.** Soy de... Mi ciudad está en..., está cerca de..., está en la costa...; **3.** Es la capital, es una ciudad histórica, es un pueblo turístico...; **4.** Sí, ahora también es.../también estamos en invierno/verano/otoño. No allí ahora es primavera/están en primavera; **5.** La mayoría de los edificios son de ladrillo/piedra...; **6.** La fiesta grande es el 1 de abril, el 5 de mayo es el día de la ciudad; **7.** Está dividido/a en tres barrios: el primero está situado en el este...; **8.** En 1873 fue nombrada capital. En el 803 fue invadida por pueblos bárbaros.

3.8. **Ser:** 2, 3, 4, 7, 10, 12, 13; **Estar:** 1, 5, 6, 8, 9, 11.

3.8.1 **1.** 8; **2.** 4; **3.** 5; **4.** 2; **5.** 3; **6.** 9; **7.** 6; **8.** 7; **9.** 10; **10.** 12; **11.** 11; **12.** 13; **13.** 1.

3.9. **1.** Me quedé; **2.** me convertí; **3.** Me pongo; **4.** te hagas; **5.** se ha vuelto; **6.** Me hice; **7.** se ha convertido; **8.** me quedo; **9.** me pongo; **10.** se ha vuelto.

3.10. **1.** peluquero/a, millonario/a, viejo/a, vegano; **2.** morado/a, rubio/a; **3.** inflexible, loco/a; **4.** judaísmo, millonario; **5.** sin palabras, petrificado/a, de hielo.

Unidad 4 Literatura y arte contemporáneo

4.1. **1.** a/b; **2.** f; **3.** a/b; **4.** e; **5.** d; **6.** c.

4.2. **1.** b; **2.** c; **3.** b; **4.** c; **5.** c; **6.** a.

4.3. **1.** Nostalgia.

4.4. **1.** torrenciales; **2.** derrochadora; **3.** ardua; **4.** copiosa; **5.** exhausto; **6.** suculenta; **7.** basta; **8.** huracanado; **9.** inminente; **10.** vasto.

4.5. **1.** basta; **2.** suculenta, copiosa; **3.** inminente; **4.** torrencial; **5.** derrochadoras; **6.** ardua; **7.** vasta; **8.** exhausto; **9.** huracanado; **10.** copiosas; **11.** vasta.

4.6. **1. a.** el cual/que, **b.** cuya, **c.** quienes, **d.** cuya, **e.** en la que/donde, **f.** en la que; **2. a.** que/el cual, **b.** los que, **c.** los cuales, **d.** en el que, **e.** al que, **f.** quien; **3. a.** la cual/que, **b.** quien, **c.** en el que, **d.** cuya.

4.6.1 **1.** V; **2.** F; **3.** F; **4.** V; **5.** V; **6.** F; **7.** F; **8.** V; **9.** F; **10.** F.

4.7. **1.** Cuando se despertó, el dinosaurio ya no estaba allí; **2.** Diego no conocía la mar. El padre, Santiago Kovadloff, lo llevó a descubrirla. Viajaron al sur. Ella, la mar, estaba más allá de los médanos, esperando. Cuando el niño y su padre alcanzaron por fin aquellas cumbres de arena, después de mucho caminar, la mar estalló ante sus ojos. Y fue tanta la inmensidad de la mar, y tanto su fulgor, que el niño quedó mudo de hermosura. Y cuando por fin consiguió hablar, temblando, tartamudeando, pidió a su padre: ¡Ayúdame a mirar!; **3.** El drama del desencantado que se arrojó a la calle desde el décimo piso, y a medida que caía iba viendo a través de las ventanas la intimidad de sus vecinos, las pequeñas tragedias domésticas, los amores furtivos, los breves instantes de felicidad, cuyas noticias no habían llegado nunca hasta la escalera común, de modo que en el instante de reventarse contra el pavimento de la calle había cambiado por completo su concepción del mundo, y había llegado a la conclusión de que aquella vida que abandonaba para siempre por la puerta falsa valía la pena de ser vivida; **4.** Hubo una vez un Rayo que cayó dos veces en el mismo sitio, pero encontró que ya la primera había hecho suficiente daño, que ya no era necesario, y se deprimió mucho; **5.** Un *cronopio* pequeñito buscaba la llave de la puerta de calle en la mesa de luz, la mesa de luz en el dormitorio, el dormitorio en la casa, la casa en la llave. Aquí se detenía el cronopio pues para salir a la calle precisaba la llave de la puerta; **6.** Las dos hijas del Gran Compositor, seis y siete años, estaban acostumbradas al silencio. En la casa no debía oírse ningún ruido, porque papá trabajaba. Andaban de puntillas, en zapatillas, y solo a ráfagas, el silencio se rompía con las notas del piano de papá. Y otra vez silencio. Un día, la puerta del estudio quedó mal cerrada, y la más pequeña de las niñas se acercó sigilosamente a la rendija; pudo ver como papá, a ratos, se inclinaba sobre un papel, y anotaba algo. La niña más pequeña corrió entonces en busca de su hermana mayor. Y gritó, gritó por primera vez en tanto silencio: ¡La música de papá, no te la creas…! ¡Se la inventa!

4.8. Respuesta abierta.

I UNIDAD 1. Relaciones personales

[1]

Montse: ¡Hombre Félix! ¡Vaya sorpresa!

Félix: ¡Moooontse! ¡Cuánto tiempo! ¡Me alegro muchísimo de verte! ¿Quéééééééé tal todo?

Montse: Estupendamente. Y tú, ¿qué tal?

Félix: Bueno, tirando.

Montse: ¿Y eso?

Félix: Ya sabes que mi padre está mayor y ha estado en el hospital ingresado, pero ya está bastante mejor gracias a Dios.

Montse: Pues dale un beso fuerte de mi parte.

Félix: Por supuesto, de tu parte. Bueno y tú, ¡cuenta!

Montse: Pues, nada, ¡que me voy a la Patagonia un mes con Diana, las dos solitas, de mochileras!

Félix: ¡Qué suerte!, ¡qué envidia me das! Debe de ser una pasada. Ya sabes, a mandarme unas fotitos, ¿eh?

Montse: Cuenta con ello. Bueno, que me voy corriendo al súper que me cierran.

Félix: Pues nada, que te lo pases fenomenal y ¡hasta la próxima!

Montse: Eso espero… y tú, ¡a cuidarte! y espero que se mejore tu padre. A la vuelta te llamo un día para quedar.

Félix: Genial, y así nos contamos. Me alegro de haberte visto. Mua mua.

Montse: Chao, y a ver si nos vemos pronto.

[2]

Entrevistadora: Hola, Juan Carlos. Me dicen que tienes dos de los apellidos más frecuentes en España, ¿es verdad?

Juan Carlos: Pues sí: García González. Se puede decir que tengo un típico nombre español, tan típico que cuando pido cita para el médico tengo que dar otros datos, como la fecha de nacimiento o la dirección… porque hay otros hombres que se llaman exactamente igual que yo.

Entrevistadora: Bueno, ya que eres un típico español nos gustaría comentar algunos comportamientos socioculturales contigo, ¿te parece bien?

Juan Carlos: Sí, claro.

Entrevistadora: ¿Qué hace una persona española cuando está cerca de la casa de un conocido y decide visitarlo sin haber sido invitado?

Juan Carlos: Bueno, cuando estás en el barrio de un conocido, lo normal es llamarle por teléfono a ver si está en casa y avisarle de tus intenciones de visitarlo. A nadie le agradan las visitas sorpresas en las que te pillan en pijama o la casa sin recoger. Prefieres tener tiempo para preparar todo. Otra cosa es que esa persona sea un amigo o familiar muy cercano, entonces no suele importarnos.

Entrevistadora: Tomamos nota. Y siguiendo con las visitas, ¿puedes ir a ver a un amigo a su casa de campo si no te ha invitado?

Juan Carlos: ¡Uf! Es difícil generalizar, pero la verdad es que cuando hay mucha confianza con alguien, el que tiene la casa suele decir cosas como: "Ya sabes que estás invitado siempre que quieras venir a mi casa". En esos casos, lo normal es que la persona que quiere ir pregunte a su amigo si le parece buena idea que lo visite. En España mucha gente que vive en la ciudad tiene una segunda vivienda en el pueblo o en la playa y es frecuente recibir visitas de los amigos en ella. Por ejemplo, si yo tengo un apartamento en la playa, me parece normal que algún buen amigo me pregunte si puede ir.

Entrevistadora: Y entre vecinos, ¿hay cooperación?

Juan Carlos: Pues sí, nos solemos ayudar con pequeñas cosas como recoger una carta o un paquete si no estás en casa, dejar un poco de sal, harina, azúcar o cosas así, cuidar de tu hijo pequeño cuando sales a hacer un recado. Ya sabes, pequeños favores que hacen la convivencia más fácil.

Entrevistadora: En cuanto a celebraciones, ¿qué acontecimientos soléis celebrar en familia?

Juan Carlos: Sin duda, la Navidad. La mayoría de los españoles se juntan con su familia para cenar en Nochebuena y en Nochevieja. En el caso de parejas no muy mayores, suelen organizarlo para pasar un día con la familia de un miembro y otro con la del otro. También se reúne toda la familia para las bodas y para los bautizos y las comuniones, pero en estos casos menos gente, solo los familiares más directos: padres, hermanos, abuelos, primos...

Entrevistadora: Y, ¿qué pasa con los cumpleaños? ¿Se celebran en familia?

Juan Carlos: Pues la verdad es que depende. Los más jóvenes prefieren celebrarlo con sus amigos, pero los mayores con la familia. Cuando un abuelo o abuela cumplen años, solemos hacer una comida familiar. ¡Ah! Y también se hace con los niños.

Entrevistadora: ¿Se hacen regalos en los cumpleaños?

Juan Carlos: Sí, sobre todo a los niños. Con los adultos no me atrevo a generalizar, unos reciben siempre regalos y otros, depende. La verdad es que mucha gente decide hacer un regalo cuando hay un motivo más fuerte que un cumpleaños, puede ser porque necesitas algo o por agradecimiento hacia alguien.

Entrevistadora: ¿Qué haces cuando recibes un regalo?

Juan Carlos: Tienes que abrirlo inmediatamente mientras vas diciendo frases como: "Gracias, no tenías que haberte molestado" y "¿qué será?". Cuando ya está desenvuelto es normal decir que te encanta, aunque no sea verdad. Quien hace el regalo le restará importancia con frases como: "Es un detallito insignificante".

Entrevistadora: ¡Es todo un ritual! A ver, una última pregunta, ¿entabláis conversaciones con desconocidos? ¿En qué situaciones?

Juan Carlos: Depende del carácter de las personas, pero es sabido que suelen ser los mayores los que más ganas de charla tienen. Es frecuente que hablen contigo en el transporte público, en el ascensor o en la sala de espera del dentista. Normalmente no necesitan motivo para empezar la conversación, pero si se presenta algún problema, tendrán la excusa perfecta. También los españoles somos mucho de hablar con el carnicero, el camarero, el peluquero... Los temas son sin importancia, se suele hablar de lo cara que está la vida, del tiempo, de los sucesos recientes... Además, cuando vas habitualmente al mismo establecimiento terminas por entablar una relación bastante cercana con el dueño o los empleados. Así, no es raro ver a un cliente hablando con un camarero sobre su familia o su trabajo.

Entrevistadora: Muchas gracias por el retrato de la sociedad española que nos has hecho.

Juan Carlos: De nada, espero haberos sido de ayuda.

2 UNIDAD 2. El éxito

[3]

▶ ¡Anda!, ya estás aquí. Pasa. Si me hubieras avisado, te habría ido a buscar. −Se dan dos besos−. ¿Qué tal todo?

▶ Bien, un poco cansada... ¿Tú? ¿Qué hacías?

▶ Leyendo. −Le enseña la portada de libro que está leyendo.

▶ Venga, no irás a decirme que te crees esas cosas. −Lee la entradilla del libro−. Bueno, si fuera tan fácil, todos tendríamos trabajos fantásticos y mucho dinero, y seríamos felices.

▶ Pues no te rías. ¡Me da rabia no haber sabido antes que existía este libro!

▶ No me irás a decir que si lo hubieras leído, ahora las cosas te irían diferente.

▶ Pues sí, creo que sí, y a ti también.

▶ Si ahora mismo me aseguras que todo lo que dice es cierto, y que si leo ese libro, mis problemas desaparecen, en este mismo instante voy a la librería y compro otro ejemplar.

▶ Pues no lo sé... pero lo que no puedes negar es que si se tiene muy claro lo que se quiere y adónde se quiere llegar, todo es más fácil... Por ejemplo, si confiaras más en él... y en ti, seguramente tendríais más posibilidades de volver a ser felices.

▶ Vale, me rindo. Según ese libro, ¿qué debería hacer o haber hecho?

► ¿Quieres una lista? Pues no sé, pero siempre te quejas del estrés, de que todos los días llegas tarde al trabajo, de que no tienes tiempo para ti, de que ganas poco dinero... Siempre estás con que te gustaría adelgazar un poco, que no soportas tu barrio...Y, sin embargo, no haces nada por remediarlo. Por ejemplo, si te levantaras más pronto, llegarías a tu hora al trabajo y no tendrías que quedarte luego más tiempo y podrías aprovechar más la tarde para apuntarte a un gimnasio, o hacer lo que quieras. En cuanto al dinero, tuviste una gran oportunidad cuando Nuria te propuso que te fueras con ella a su empresa. Si te hubieras arriesgado, a lo mejor ahora estarías más satisfecha. Y si no te gusta donde vives, pues múdate.

[4]

1.

► Bueno, qué, ¿qué tal te ha caído?

► La verdad es que lo encuentro un poco rarito.

► Pues a mí me parece que no está nada mal.

► ¿Sí? ¿Lo dices en serio? Es un poco feíllo, tiene los ojos como un poco tristes. Parece que están como caídos.

► Por lo que veo, no te ha caído muy bien.

► Bueno, supongo que solo es la primera impresión.

2.

► Bueno, bueno, bueno, mira quién ha venido. ¿Qué tal?

► Bueno, tirandillo.

► Como que tirandillo, si me han dicho que no te va nada mal.

► Bueno, por lo visto en esta vida no se puede tener secretos. ¿Y por aquí, qué tal?

► Bueno, he tenido algunos problemillas, pero parece ser que todo se va arreglando.

► Pero, ahora estás mejor, ¿no?

► Bueno, la verdad es que hoy me pillas en un día un poco negativo...

► No te veo muy animado, ¿no?

► La verdad es que ando algo deprimidillo.

[5]

► Hola, Lourdes.

► Hola, Carmen. ¡Ya has vuelto de vacaciones! ¡Qué corto se me ha hecho!

► ¿Que se te ha hecho corto a ti? Pues imagínate a mí. Bueno, y ¿qué tal por aquí?

► Bien, pero me he acordado mucho de ti. Ay, amiga, cuánto te he echado de menos. No tenía a nadie.

► ¿No tenías a nadie para qué?

► Para desahogarme.

► Pero, ¿qué ha pasado?

► ¿Que qué ha pasado? Mejor di, que qué no ha pasado. Las cosas por dirección están que echan chispas, y es que parece ser que cuando se iba a cerrar aquel trato tan importante con INTACA, ¿te acuerdas?, pues estos en el último momento, no se sabe por qué, se echaron atrás... y el director culpa a nuestro querídisimo jefe, y hay rumores de que puede que le cambien de departamento, y de categoría... y hasta de sueldo.

► ¿Que hay rumores de qué?

► Lo que estás oyendo... Así es que te puedes imaginar cómo está, no hay quién lo aguante...Y el otro día me tocó a mí: me echó una bronca...

► ¿Que te echó una bronca, por qué?

► Pues me pidió que me quedara tres horas más, pero yo le dije que ya sabía que no podía, que tenía que ir a recoger a las niñas al colegio. Y se me puso a gritar y a decirme que él también tenía hijos y que nunca los había puesto como excusa para no trabajar.

Etapa 13

► ¿Que te dijo qué? No me lo puedo creer.

► Pues sí, bonita, cuando le contesté que lo sentía pero que tenía que estar a las cinco en el colegio de las niñas, me miró y dijo: "¿Que tienes que estar a qué hora dónde?" y acto seguido empezó a echarme en cara todo lo que estaba haciendo por mí.

► Pero, ¿qué es lo que está haciendo por ti? ¿Acaso no se hizo el sordo cuando le pediste que te explicara por qué cobrabas menos que Germán?

► Shhhhhhhh, calla, que viene el pelotilla.

► ¿Que viene quién?

3 Unidad 3. Geografías

[6] 1. Buenos días, parece que por fin el temporal de lluvia y viento de estos últimos días está remitiendo. Un anticiclón que se acerca por el Atlántico sur nos traerá una subida de temperaturas. No obstante, todavía se espera inestabilidad en el tercio este, en las Islas Baleares habrá tormentas y es probable que granice. En la mitad norte peninsular habrá que sacar el paraguas puesto que se prevé algún chaparrón disperso. El día amanecerá con brumas sobre la costa cantábrica. En el resto del país los cielos estarán despejados y las temperaturas serán suaves.

2. Buenas tardes, las temperaturas han bajado, lo han hecho de forma notable en todo el país y han caído incluso algunas heladas débiles en zonas de montaña. Además sopla el viento del noroeste, lo que hace que la sensación térmica sea aún más baja. Esta situación se mantendrá varios días, ya que se acerca una borrasca por el Atlántico que nos dejará más frío y también precipitaciones. El día se presenta con cielos cubiertos y mañana el tiempo inestable se notará especialmente en puntos de Galicia y Asturias. Podrían caer las primeras nieves del Sistema Central por encima de los mil metros. La situación será diferente en el sur de la costa mediterránea donde lucirá el sol y habrá temperaturas primaverales.

[7]

Ángela: Patricia, ¿cuánto tiempo llevas viviendo en Dubái?

Patricia: El próximo mes hará cinco años y creo que voy a por cinco más.

Ángela: Me gustaría conocerlo porque todo el mundo habla de su transformación.

Patricia: Mira, hace tan solo unas décadas Dubái era un desierto, pero los hallazgos de petróleo lo convirtieron en una ciudad animada y tecnológicamente avanzada, tal como la conocemos hoy.

Ángela: Ha habido muchos proyectos de cambio, ¿verdad?

Patricia: Sí, y sus numerosos proyectos urbanísticos son un claro ejemplo de lo rápido que se puede cambiar una ciudad, sus horizontes se han vuelto prácticamente irreconocibles, donde solo había mar y arena hoy se levantan rascacielos, archipiélagos artificiales y atracciones de parques temáticos. Pero todo esto ha costado mucho dinero, solo para la construcción de *Dubailand* se han gastado 65 000 millones de dólares, que convertidos a euros son más de 50 000 millones. La verdad es que con todos estos cambios la antigua ciudad de Dubái se ha vuelto bastante artificial, aunque al mismo tiempo exclusiva.

Ángela: ¿Y todo esto por el petróleo?

Patricia: Bueno, aunque no cabe duda de que el emirato se hizo más rico y poderoso con el descubrimiento del petróleo, la realidad es que el principio de la prosperidad económica de Dubái se remonta al siglo XIX. En aquella época un jeque ya vio el potencial comercial de la bahía y estableció un puerto en ella que con el tiempo se convirtió en el más importante del Golfo Pérsico.

Ángela: Dubái hoy en día es uno de los destinos turísticos más atractivos, ¿no?

Patricia: ¡Uy, sí! Las islas artificiales en forma de palmera que se construyeron han atraído a visitantes muy exclusivos. En ellas hay lujosas villas que cuentan con su propia playa privada, así puedes bañarte y ponerte moreno si quieres.

Ángela: Y me han dicho que hay hoteles increíbles.

Patricia: Sí, Ángela, Dubái tiene el único hotel de siete estrellas que hay en el mundo. Mis favoritos son los hoteles que están en el desierto. Algunos tienen unas grandes cristaleras con preciosas vistas. Desde allí puedes ver los atardeceres en el desierto y cómo las claras arenas de las dunas se van poniendo naranjas, con diferentes tonalidades. Y contemplando ese maravilloso paisaje desde la cama puedes quedarte dormido.

Ángela: ¡Ay! ¡Quién tuviera bastante dinero para disfrutar de todo eso!

4 UNIDAD 4. Literatura y arte contemporáneo

[8]

Poema "Don de la ebriedad" de Claudio Rodríguez.

Siempre la claridad viene del cielo;
es un don: no se halla entre las cosas
sino muy por encima, y las ocupa
haciendo de ello vida y labor propias.
Así amanece el día; así la noche
cierra el gran aposento de sus sombras.

Y esto es un don. ¿Quién hace menos creados
cada vez a los seres? ¿Qué alta bóveda
los contiene en su amor? ¡Si ya nos llega
y es pronto aún, ya llega a la redonda
a la manera de los vuelos tuyos
y se cierne, y se aleja y, aún remota,
nada hay tan claro como sus impulsos!

Oh, claridad sedienta de una forma,
de una materia para deslumbrarla
quemándose a sí misma al cumplir su obra.
Como yo, como todo lo que espera.
Si tú la luz te la has llevado toda,
¿cómo voy a esperar nada del alba?

Y, sin embargo —esto es un don–, mi boca
espera, y mi alma espera, y tú me esperas,
ebria persecución, claridad sola
mortal como el abrazo de las hoces,
pero abrazo hasta el fin que nunca afloja.

Poema "Monólogo" de Octavio Paz.

Bajo las rotas columnas,
entre la nada y el sueño,
cruzan mis horas insomnes
las sílabas de tu nombre.

Tu largo pelo rojizo,
relámpago del verano,
vibra con dulce violencia
en la espalda de la noche.

Corriente oscura del sueño
que mana entre las ruinas
y te construye de nada:
amargas trenzas, olvido,
húmeda costa nocturna
donde se tiende y golpea
un mar sonámbulo, ciego.

[9]

Tú no puedes volver atrás,
porque la vida ya te empuja,
como un aullido interminable,
interminable.

Te sentirás acorralada,
te sentirás, perdida o sola,
tal vez querrás no haber nacido,
no haber nacido.

Pero tú siempre acuérdate
de lo que un día yo escribí
pensando en ti,
pensando en ti,
como ahora pienso.

La vida es bella ya verás,
como a pesar de los pesares,
tendrás amigos, tendrás amor,
tendrás amigos.

Un hombre solo, una mujer,
así tomados, de uno en uno,
son como polvo, no son nada,
no son nada.

Entonces siempre acuérdate
de lo que un día yo escribí
pensando en ti,
pensando en ti,
como ahora pienso.

Etapa 13

Otros esperan que resistas,
que les ayude tu alegría,
que les ayude tu canción,
entre sus canciones.

Nunca te entregues, ni te
[apartes,
junto al camino, nunca digas
no puedo más y aquí me quedo,
y aquí me quedo.

Entonces siempre acuérdate
de lo que un día yo escribí
pensando en ti,
pensando en ti,
como ahora pienso.

La vida es bella ya verás,
como a pesar de los pesares,
tendrás amigos, tendrás amor,
tendrás amigos.

No sé decirte nada más
pero tú debes comprender
que yo aún estoy en el camino,
en el camino

Pero tú siempre acuérdate
de lo que un día yo escribí
pensando en ti,
pensando en ti,
como ahora pienso.

[10]

La oveja negra, de Augusto Monterroso

En un lejano país existió hace muchos años una oveja negra. Fue fusilada. Un siglo después, el rebaño arrepentido le levantó una estatua ecuestre que quedó muy bien en el parque. Así, en lo sucesivo, cada vez que aparecían ovejas negras eran rápidamente pasadas por las armas para que las futuras generaciones de ovejas comunes y corrientes pudieran ejercitarse también en la escultura.

Un sueño, de Jorge Luis Borges

En un desierto lugar del Irán hay una no muy alta torre de piedra, sin puerta ni ventana. En la única habitación (cuyo piso es de tierra y que tiene la forma de círculo) hay una mesa de maderas y un banco. En esa celda circular, un hombre que se parece a mí escribe en caracteres que no comprendo un largo poema sobre un hombre que en otra celda circular escribe un poema sobre un hombre que en otra celda circular... El proceso no tiene fin y nadie podrá leer lo que los prisioneros escriben.

Hablaba y hablaba, de Max Aub

Hablaba, y hablaba, y hablaba, y hablaba, y hablaba, y hablaba, y hablaba. Y venga hablar. Yo soy una mujer de mi casa. Pero aquella criada gorda no hacía más que hablar, y hablar, y hablar. Estuviera yo donde estuviera, venía y empezaba a hablar. Hablaba de todo y de cualquier cosa, lo mismo le daba. ¿Despedirla por eso? Hubiera tenido que pagarle sus tres meses. Además hubiese sido muy capaz de echarme mal de ojo. Hasta en el baño: que si esto, que si aquello, que si lo de más allá. Le metí la toalla en la boca para que se callara. No murió de eso, sino de no hablar: se le reventaron las palabras por dentro.

1 UNIDAD 1. Relaciones personales

[11]

1.

► Oye, ¿cómo era el chiste ese del teléfono?

► ¿Cuál? ¡Ah! Ya caigo: Eres de un bobo tal, que te estrangularías con un teléfono sin cable.

► Sí, ese, ¡qué bueno, tía! *ja, ja, ja...*

2.

► ¿Sabes el de era un tío tan gafe, tan gafe, que se sentó en un pajar y se pinchó con la aguja?

► Ese no lo había oído nunca, vendrá por lo del refrán ese, ¿no? de... esto es más difícil que encontrar una aguja en un pajar... vamos, digo yo. ¡Mira que es malo! ¿Eh?

3.

► Seguro que este te gusta más. Era una iglesia que estaba tan lejos, tan lejos, que por no ir, no iba ni Dios.

► Ese es muy viejo, ya me lo sabía.

4.

► Ahora me toca a mí, prepárate a partirte de risa. Eres de un desgraciado tal, que haces llorar a las cebollas.

► ¡Qué malo! Ya se me había olvidado que te encantan los chistes malos.

5.

► Para malo este. Era un hombre tan delgado, tan delgado, que se ponía un traje de mil rayas y le sobraban 999.

► Pues no está mal, *ja, ja*, es un poco lo que le pasa a Antonio cuando va con traje.

6.

► Me acabo de acordar de uno un poco bruto, pero bueno. Era un niño tan feo, tan feo, que su madre en vez de darle el pecho le daba la espalda.

► *Ja, ja, ja...* Pues sí tenía que ser feo, pobre niño...

2 UNIDAD 2. El éxito

[12]

1.

► ¿Qué tal el novio de tu hija? ¿Te gustó?

► Bueno, no está mal, quizás demasiado amable.

► Mujer, seguro que quería ser educado para caerte bien.

► Sí, sí, pero es que tampoco es muy agraciado, más bien diría que es tirando a feíllo.

► Uyyy, todavía no le has perdonado que dejara a Carlos, ese sí que te gustaba.

2.

► ¿No crees que María se pasó un poco con lo que me dijo?

► Hombre, no te lo tomes así. Piensa que está algo estresada por la situación familiar que está pasando.

► Pero, ¿no lo había solucionado?

► No del todo, pero anda más animadilla porque piensa que con el tiempo todo se irá arreglando.

3.

▶ Tengo que hablar contigo de lo que ha hecho tu hijo, no ha estado nada bien. Se merece un castigo.

▶ Venga hombre, piensa en ti cuando tenías su edad, ¿no podrías hacer la vista gorda?, ha sido solo una travesurilla.

▶ Vale por esta vez, pero que no se acostumbre.

4.

▶ Parece que no te gusta este trabajo, ¿no?

▶ Bueno no está mal, pero se podrían cambiar algunas cosillas.

▶ ¿Cuáles?

▶ Ehhh, pues mira el trato con mi jefe, es un poco… como te diría yo, un poco forzado.

▶ Ah, no te preocupes, al principio a todos nos cuesta adaptarnos a lo nuevo, pero siempre se termina arreglando.

▶ Si tú lo dices.

3 | UNIDAD 3. Geografías

[13]

Enhorabuena, has sido seleccionado entre otros muchos estudiantes para participar en el concurso Ciudad solo hay una. Te preguntarás en qué consiste, ¿verdad? Es muy fácil, tú solo tienes que responder por escrito a las preguntas que te vamos a formular y podrás ganar hasta 500€. Muy fácil, ¿no? Pues empezamos.

Lo primero es: Cuéntanos qué haces ahora, a qué te dedicas.

Segunda pregunta. Ahora, ¿podrías hablarnos de tu origen y situarnos tu ciudad o pueblo natal?

Tercera pregunta. ¿Puedes contarnos si tu ciudad o pueblo destaca por algo en especial: la cultura, la economía, la arquitectura?

Cuarta cuestión. ¿Tu pueblo o ciudad de origen está situado en el mismo hemisferio que España, comparte el mismo clima y estaciones?

Vamos con la quinta. En cuanto a la arquitectura, puedes decirnos cuál es el material que predomina.

La sexta. Todo lugar que se precie tiene sus fiestas. ¿Puedes elegir las dos más señaladas de tu localidad? ¡Ah! Y no te olvides de decirnos cuándo tienen lugar por si nos apetece ir.

La penúltima. Háblanos ahora de la división de tu pueblo o ciudad; nos referimos a los distintos barrios que lo forman.

Y ya para terminar. Cuéntanos un poco de su historia, fechas en las que ocurrió algo importante como una invasión, una mención oficial que recibió, la construcción de algún edificio importante, el nombramiento de algún alcalde famoso…

Muy bien, ya hemos terminado. Ahora solo tienes que mandarnos tus respuestas a Radio Concurso y en quince días te llamaremos si has resultado elegido. ¡Hasta pronto! Y no dejes de escucharnos.

4 | UNIDAD 4. Literatura y arte contemporáneo

[14]

1. El dinosaurio
Cuando se despertó, el dinosaurio ya no estaba allí.

2. La función del arte
Diego no conocía la mar. El padre, Santiago Kovadloff, lo llevó a descubrirla.
Viajaron al sur.

Ella, la mar, estaba más allá de los médanos, esperando.

Cuando el niño y su padre alcanzaron por fin aquellas cumbres de arena, después de mucho caminar, la mar estalló ante sus ojos. Y fue tanta la inmensidad de la mar, y tanto su fulgor, que el niño quedó mudo de hermosura.

Y cuando por fin consiguió hablar, temblando, tartamudeando, pidió a su padre: ¡Ayúdame a mirar!

3. El drama del desencantado

El drama del desencantado que se arrojó a la calle desde el décimo piso, y a medida que caía iba viendo a través de las ventanas la intimidad de sus vecinos, las pequeñas tragedias domésticas, los amores furtivos, los breves instantes de felicidad, cuyas noticias no habían llegado nunca hasta la escalera común, de modo que en el instante de reventarse contra el pavimento de la calle había cambiado por completo su concepción del mundo, y había llegado a la conclusión de que aquella vida que abandonaba para siempre por la puerta falsa valía la pena de ser vivida.

4. El Rayo que cayó dos veces en el mismo sitio

Hubo una vez un Rayo que cayó dos veces en el mismo sitio, pero encontró que ya la primera había hecho suficiente daño, que ya no era necesario, y se deprimió mucho.

5. Historia

Un *cronopio* pequeñito buscaba la llave de la puerta de calle en la mesa de luz, la mesa de luz en el dormitorio, el dormitorio en la casa, la casa en la llave. Aquí se detenía el cronopio, pues para salir a la calle precisaba la llave de la puerta.

6. Música

Las dos hijas del Gran Compositor, seis y siete años, estaban acostumbradas al silencio. En la casa no debía oírse ningún ruido, porque papá trabajaba. Andaban de puntillas, en zapatillas, y solo a ráfagas, el silencio se rompía con las notas del piano de papá.

Y otra vez silencio.

Un día, la puerta del estudio quedó mal cerrada, y la más pequeña de las niñas se acercó sigilosamente a la rendija; pudo ver como papá, a ratos, se inclinaba sobre un papel, y anotaba algo.

La niña más pequeña corrió entonces en busca de su hermana mayor. Y gritó, gritó por primera vez en tanto silencio: ¡La música de papá, no te la creas...! ¡Se la inventa!

[15]

Parte meteorológico
de Joaquín Sabina.

Se anuncia entre los dos tiempo
[inestable
asoman a tus ojos las tormentas,
por la noche es probable
que el viento sea variable,
que me quieras... y luego te
[arrepientas.

La isobaras ven hielo en tus venas
y en tu pañuelo un mar que se
[sofoca
y auguran las antenas
que harán falta cadenas
para subir al puerto de tu boca.

Besarte es desatar un huracán
que suba en el termómetro el
[mercurio,
algunas nieves dan

calor cuando se van
fundiendo entre el desierto y el
[diluvio.
A, E, I, O, U
a mi boda fueron todas menos tú.
Do, Re, Mi, Fa, Sol, La, Si
marejada ni contigo ni sin tí.

Lo malo es que despúes la gota
[fría
se instala entre mis huesos y los
[tuyos,
corrige mi alegría
la noche de aquel día
que me condena al páramo y al
[trullo.

Caerá un rayo en mi torre de
[Babel,

arrasarán las plagas y la
[hambruna,
vendrán lunas de hiel,
a devastar mi piel
si el desamor no encuentra su
[vacuna.
A, E, I, O, U
a mi boda fueron todas menos tú.
Do, Re, Mi, Fa, Sol, La, Si
marejada ni contigo ni sin tí.

A, E, I, O, U
a tu vera el dulce hogar era un
[iglú.
Do, Re, Mi, Fa, Sol, La, Si
marejada ni conti...
marejada ni conmi...
marejada ni contigo ni sin tí.

Etapa 13

Etapa 13

Textos

Fichas y transparencias

Diálogos con expresiones sociales

Diálogo 1

Ringgg. (*Sonido de teléfono*)

■ **International House, ¿dígame?**

■ **Por favor, ¿podría hablar con la directora del departamento de español?**

■ **Un momento, ahora le paso, no se retire por favor... (*Se oye un teléfono que no coge nadie*). Disculpe, pero en este momento no le puede atender, está reunida, ¿quiere dejar algún mensaje?**

■ **Sí, por favor, dígale que ha llamado Fabio Álvarez y que ya volveré a llamar. Muy amable.**

■ **De acuerdo, no se preocupe, le paso el mensaje. (*Sonido de teléfono colgando*)**

Diálogos con expresiones sociales

Diálogo 2

- **Mamá, perdona que te moleste a estas horas**…

- **Está bien, no pasa nada, ¿qué te cuentas?**

- **Pues nada, que siento mucho haberme enfadado tanto contigo esta mañana... es que estoy muy nervioso con los exámenes.**

- **Bueno, anda, tranquilo, estás perdonado... Pero, por favor, intenta que no se vuelva a repetir.**

- **Prometido, en serio.**

- **Y ahora lo que tienes que hacer es concentrarte y estudiar. ¡Mucha suerte con el examen del viernes!**

- **Ay, sí, ¡crucemos los dedos! Un beso y ya te llamo para decirte qué tal ha ido.**

- **Buenas noches, ¡que descanses!**

Diálogos con expresiones sociales

Diálogo 3

(Ruido de voces hablando bajito. Palmas de alguien mandando guardar silencio)

■ **Voz 1:** Estamos encantados de contar con vuestra presencia. Os agradecemos sinceramente haber venido. Quisiera proponer un brindis por nuestro director general, que hoy nos abandona para disfrutar de una merecida jubilación. *(Levantando las copas y chocándolas)* ¡Por Antonio!

■ **Varias voces a la vez:** Salud.

■ **Voz 2:** ¡Te deseo muchísima suerte en tu nueva andadura!

■ **Voz 3:** No sé cómo agradecéroslo. Ha sido un verdadero placer trabajar con vosotros durante todo este tiempo y, aunque no lo creáis, me voy con muchísima pena.

■ **Voz 1:** ¡Bueno… ya sabes dónde tienes tu casa si quieres volver!

(Risas)

Apellidos

El uso de los apellidos se remonta a tiempos muy lejanos, pero es a partir de la Edad Media cuando se empieza a registrar en las iglesias con la costumbre de añadir al nombre de pila su apodo, su profesión, su procedencia, etc. Este añadido con el tiempo pasará a ser el apellido hereditario tal como lo conocemos hoy. En España, el sistema actual de apellidar a las personas se adoptó legalmente en 1870, siguiendo la tradición existente de usar dos apellidos: el de la familia del padre, en primer lugar, y el de la familia de la madre, en segundo. Estos apellidos perduran toda la vida, ya que las mujeres no los cambian cuando se casan.

Muy a finales del siglo XX, una nueva legislación permitió la libre elección del orden de los apellidos para garantizar la igualdad de derechos entre hombre y mujer. De este modo los padres pueden decidir cuál será el primer apellido de sus hijos, ahora bien, la norma obliga a que todos ellos lleven el mismo orden mientras sean menores de edad. Al alcanzar la mayoría de edad, cada uno puede optar por alterar ese orden que le fijaron sus padres, de modo que dos hermanos podrán apellidarse de manera diferente.

El apellido más frecuente en España es García, lo lleva alrededor del 3,5% de la población. Lo siguen Fernández, González, Rodríguez y López. En Hispanoamérica también podemos encontrar un buen porcentaje de González que se cuela entre los cinco más frecuentes en países como Chile o Costa Rica. Hay apellidos ligados claramente a una zona geográfica, al igual que podemos sospechar que los Quispe son de Perú, dentro de la geografía española podemos relacionar a los Ulloa, Feijoo, Castro, Pereira, etc. con Galicia. Otros no solo se ligan a su lugar de origen, sino que también se expresan en la lengua del lugar: los Carbonell, Roselló, Martorell, Pujol, Montmany, etc., proceden de Cataluña o las Baleares; mientras que los Iturralde, Etxeberria, Goikoextea, Zúñiga, etc. vienen del País Vasco o Navarra. Además, en España se asocian apellidos como Montoya, Heredia o Vargas con la raza gitana, mientras que los Toledano se cree que descienden de los antiguos judíos.

Los apellidos españoles, al igual en que otras lenguas, tienen diferentes orígenes:
a) El nombre del padre, que en la mayoría de las ocasiones se transformó a través del sufijo *–ez* (hijo de): Fernández, Gómez, Sánchez, etc., en otras se conservó tal cual: Alonso, Eusebio, Martín, etc.
b) Nombres de lugares o gentilicios: Coca, Arroyo, Aragonés, de la Torre, etc. Generalmente designaban la procedencia del que lo llevaba, sobre todo si cambiaba de residencia.
c) Nombres de oficios: Herrero, Zapatero, Carnicero, Monje, etc. Se utilizaba como sobrenombre la profesión para identificar a las personas del mismo nombre.
d) Apodos descriptivos relacionados con el carácter o el físico: Alegre, Moreno, Cano, Bueno, Bueyes, etc.
e) Relacionados con el nacimiento: Expósito, Tirado, Diosdado, etc. En su mayoría son apellidos que hacen referencia a la ilegitimidad del nacimiento o al abandono del bebé.

En algunos países de Hispanoamérica nombres y apellidos de personajes famosos han sido adoptados para nombre de pila de sus habitantes resultando originales creaciones. Así podemos encontrar a jóvenes llamados Hendrix de los Ángeles o Indira Madonna. Un hombre llamado Lenon McCartney vive en Costa Rica y es hijo de un fan de los Beatles.

Los otros nombres

1. Algunas personas son nombradas en la vida diaria por un nombre que no es el que aparece en su carné de identidad. Esos nombres pueden ser de dos tipos. Lee estas definiciones del diccionario para saber sus características.

> • **Hipocorístico/a.** adj. *Gram.* Dicho de un nombre: que, en forma diminutiva, abreviada o infantil, se usa como designación cariñosa, familiar o eufemística.
>
> • **Apodo.** m. Nombre que suele darse a una persona, tomado de sus defectos corporales o de alguna otra circunstancia.

2. Lee este texto con el que empieza el cuento *El policía de las ratas* e identifica el nombre hipocorístico y el apodo del personaje.

> Me llamo José, aunque la gente que me conoce me llama Pepe, y algunos, generalmente los que no me conocen bien o no tienen un trato familiar conmigo, me llaman Pepe el Tira. Pepe es un diminutivo cariñoso, afable, cordial, que no me disminuye ni me agiganta, un apelativo que denota, incluso, cierto respeto afectuoso, si se me permite la expresión, no un respeto distante. Luego viene el otro nombre, el alias, la cola o joroba que arrastro con buen ánimo, sin ofenderme, en cierta medida porque nunca o casi nunca lo utilizan en mi presencia. Pepe el Tira, que es como mezclar arbitrariamente el cariño y el miedo, el deseo y la ofensa en el mismo saco oscuro. ¿De dónde viene la palabra Tira? Viene de tirana, tirano, el que hace cualquier cosa sin tener que responder de sus actos a nadie, el que goza, en una palabra, de *impunidad*. ¿Qué es un tira? Un tira es, para mi pueblo, un policía. Y a mí me llaman Pepe el Tira porque soy, precisamente, policía, un oficio como cualquier otro pero que pocos están dispuestos a ejercer.
>
> Fragmento de *El policía de las ratas* de Roberto Bolaño

3. ¿Conoces otros nombres hipocorísticos en español? Intenta averiguar a qué nombre pertenece cada uno de estos.

1. Paco / Curro / Pancho 2. Chus 3. Charo 4. Lalo 5. Macu / Inma 6. Chon 7. Maite 8. Fito 9. Chelo 10. Fali

Marcadores del discurso

Clasificación	¿Qué tipos hay?	¿Para qué sirven?	Ejemplos
Conectores	**Aditivos**	Añaden una idea a otras anteriores.	*además, asimismo, no solo… sino también…*
	Consecutivos	Introducen la consecuencia de un enunciado anterior.	*en consecuencia, de modo/forma/manera que, por consiguiente*
	Justificativos	Introducen una razón que justifica el enunciado posterior.	*puesto que, ya que, como*
	Contraargumentativos	Introducen un argumento contrario.	*a pesar de, no obstante, sin embargo*
		Expresan el contraste entre dos enunciados o ideas.	*mientras que, en cambio*
		Matizan la primera idea de la argumentación.	*de todas formas/maneras, de todos modos*
Estructuradores de la información: ordenadores	**De inicio**	Señalan el comienzo de un texto o de una parte concreta del mismo.	*para empezar, primeramente, lo primero es que,* *bueno, bien*
	De continuidad	Introducen nuevos enunciados o el cambio de un tema.	*luego, por su parte, de otra parte, de otro lado*
	De cierre	Introducen el último enunciado de un texto.	*para finalizar/acabar, en suma,* *bueno*
Reformuladores	**Explicativos**	Introducen un segundo enunciado con el mismo significado que el primero, pero diferente forma.	*en otras palabras, es decir*
	Recapitulativos (de resumen)	Introducen una idea que condensa enunciados anteriores.	*resumiendo, para resumir, en conclusión, en suma, en definitiva,* *total*
	Rectificativos (de corrección)	Corrigen un enunciado anterior, todo o en parte.	*mejor dicho, quiero decir*
	De distanciamiento	Restan importancia al enunciado anterior.	*de todas maneras/formas, de todos modos, en cualquier caso*
	Digresores	Indican cambio de tema no relacionado con el anterior.	*por cierto, a propósito, en cualquier caso,* *una cosa*
Operadores discursivos	**Focalizadores**	Introducen nuevos temas relacionados con argumentos anteriores.	*respecto a…, en relación con*
	De concreción o especificación	Introducen un ejemplo concreto de lo enunciado anteriormente.	*en especial, concretamente*
	De refuerzo argumentativo	Reafirman lo dicho anteriormente.	*desde luego, por supuesto*

 Los marcadores que están en color rojo son más propios de la lengua oral.

Las nueve claves del éxito, según Heidi Grant

1 No es lo mismo decir: "Voy a perder peso" que "Voy a adelgazar cinco kilos". Para mantenerse motivado el cerebro necesita saber en qué momento va a alcanzar una meta.

2 En una investigación la doctora Grant le pidió a un grupo de personas que hiciera deporte a una hora determinada y a otro grupo que lo practicara cuando quisiera o pudiera. Después de varias semanas, el 91% de las personas que fijaron el tiempo aún continuaba haciendo ejercicio, frente al 39% de la gente que no planeó la rutina. Siempre es mejor decir: "Voy a salir a correr todos los miércoles y viernes a las 9:00 de la mañana", que "Voy a correr tres días a la semana".

3 Cuando a un grupo de estudiantes se les dice que les falta el 52% del trabajo, permanecen más motivados de aquellos que saben que llevan el 48%.

4 Se ha observado que las personas con sobrepeso enfrentan mejor una dieta cuando desde el comienzo asumen que va a ser un reto difícil. Frases como "sé que me va a costar", "va a ser duro", etc. ayudan a conseguir las metas.

5 En los últimos avances de la neurociencia se ha comprobado que el cerebro humano permanece flexible incluso en la edad adulta. Crear una competencia nueva siempre va a ser más difícil que desarrollar una propia. Pero al parecer, esta dificultad juega a favor de las personas realmente exitosas.

6 En los últimos años los psicólogos de la motivación han apropiado un concepto del día a día en sus investigaciones: *tener agallas, tener empuje, tener coraje*. Las personas con estas características suelen alcanzar metas más altas y lograr una mejor educación. Lo interesante es que se ha demostrado que el coraje en una persona nace de creer que es posible forjar nuevas habilidades. Decir "lo voy a conseguir aunque sea difícil", revela una persona con empuje.

7 No hay duda de que la fuerza de voluntad es clave para llegar lejos y parece ser que esta es como cualquier músculo, es decir, se puede ejercitar. Se ha demostrado que las personas que van al gimnasio también son más responsables en otros aspectos de la casa y el trabajo. Al parecer, tener fuerza de voluntad en una actividad es una buena práctica.

8 No es buena idea tratar de conquistar dos metas al mismo tiempo, por ejemplo adelgazar y dejar de fumar. Incluso las personas exitosas tienen un tanque limitado de voluntad.

9 Cada vez que nos obsesionamos por corregir un hábito terminamos afianzándolo aún más. Es por esto por lo que se recomienda no enfocarse tanto en lo que se quiere dejar de hacer, sino en lo nuevo que se quiere crear. La pregunta clave es: "¿Qué voy a hacer en su lugar?". El cerebro reconoce muy fácilmente este tipo de lenguaje.

El Método Grönholm

PRUEBA 1

En una de las paredes laterales se abre una pequeña puerta. Se abre de arriba hacia abajo y se detiene al llegar a los cuarenta y cinco grados. Es como un buzón que, hasta ahora, había permanecido disimulado en la pared. Mercedes es quien se encuentra más próxima.

MERCEDES (leyendo): Buenos días y bienvenidos. Como ya les avanzamos, esta es la última fase del proceso de selección para acceder al cargo de director comercial de Dekia. Ustedes son los últimos aspirantes. Sabemos que esta no es una prueba habitual. Seguimos el protocolo establecido por nuestra central de Suecia. Si en algún momento consideran que alguna de las propuestas que les haremos no es aceptable para ustedes, pueden abandonar el proceso. La puerta está abierta. Sin embargo, si salen de esta sala, sea por el motivo que sea, entenderemos que renuncian a continuar aspirando al cargo. La primera prueba es la siguiente. Les hemos dicho que son los últimos aspirantes, pero no son los últimos cuatro aspirantes. Solo hay tres auténticos aspirantes. Uno de ustedes es un miembro de nuestro departamento de selección de personal. Junto con el sobre han encontrado un cronómetro. Tienen diez minutos para averiguar quién de ustedes no es el candidato auténtico. Por favor, pongan en funcionamiento el cronómetro. Es el botón de la derecha. Y ya está.

PRUEBA 2

Se abre la pequeña puerta. (…) Mercedes va a buscar lo que hay dentro del buzón. Saca un sobre y un cenicero.

MERCEDES: Enrique Font. En el sobre está tu nombre.

Enrique va a buscar el sobre y lo abre. Lo lee sin decir nada. Enrique acaba de leer y vuelve a introducir el sobre en el buzón. El buzón se cierra.

ENRIQUE: El año pasado me separé de mi mujer. No me lo esperaba. No me lo esperaba de ninguna manera. Y entré en una depresión. (…) Tengo dos hijos pequeños y ella se los llevó. La separación fue difícil. Como todas, supongo. Pero llegó a un punto en que me hundí. (…) Empecé a encontrarme mal. El médico me quería dar la baja, pero no quise cogerla. (…) El caso es que quizá debería haber hecho caso del médico porque mi rendimiento bajó, (…) ahora parece bastante difícil enderezar la situación y la empresa está pensando en...

Lo que me han pedido es que seáis vosotros quienes toméis esta decisión, que penséis como si fueseis mi empresa. Debéis decidir si continúo en el proyecto del extranjero, si me asignáis una nueva línea de trabajo o si, sencillamente, prescindís de mí, me despedís.

PRUEBA 3

La pequeña puerta se abre. Enrique se acerca a mirar.

ENRIQUE (sin dar crédito): No os lo vais a creer...

Saca cuatro sombreros. Un sombrero de torero, uno de payaso, un sombrero de copa y una mitra de obispo.

ENRIQUE (saca un sobre del buzón, lo lee): Pónganse un sombrero cada uno, después abran el sobre.

(…)

Enrique coge el sombrero de copa y se lo pone. Mercedes coge el de payaso. Carlos, el de torero. A Fernando le queda el de obispo. Sin mucho entusiasmo, lo coge y se lo pone. Se miran, cada uno con su sombrero puesto.

(…)

ENRIQUE: Ustedes son los únicos ocupantes de un avión en llamas que está a punto de estrellarse. Un payaso, un torero, un obispo y un político. Solo tienen un paracaídas. Deben defender delante de sus compañeros por qué su personaje es el que merece utilizar el paracaídas y salvarse.

El Método Grönholm

PRUEBA 4

Se abre la pequeña puerta. Carlos saca un sobre del buzón.

CARLOS: No hay nada escrito fuera. Lo leo.

Carlos abre el sobre y lo lee.

CARLOS (enfadado): Qué cojones... Esto es... No tienen ningún derecho a...

MERCEDES: ¿Qué pasa?

CARLOS: Una cosa es que hagamos juegos idiotas, otra meterse en...

(…)

CARLOS: Lo que dice aquí no os interesa. Ni a vosotros ni a ellos, que no sé cómo cojones se han enterado. Hostia. (…) Leo. «Carlos ha iniciado un tratamiento hormonal que ha de desembocar en una operación de cambio de sexo. Decidan si es el tipo de candidato conveniente para entrar a trabajar en nuestra empresa. Si ustedes llegan a la conclusión de que no es el perfil adecuado al cargo, Carlos Bueno deberá abandonar el proceso de selección».

PRUEBA 5

ENRIQUE: No es preciso. Tenéis razón. Mi nombre es Esteban Ripoll. Soy psicólogo del departamento de personal de Dekia.

FERNANDO: Lo sabía.

ENRIQUE: Carlos está fuera del proceso. Solo quedáis vosotros dos (Mercedes y Fernando).

(…)

ENRIQUE: Cada uno de vosotros tenéis un objetivo oculto. Debéis lograr cumplirlo. Quien lo logre antes se queda, el otro tendrá que abandonar. Os daré a cada uno, uno de estos sobres. En su interior hay una tarjeta donde se detalla lo que debéis lograr del otro. Lo leéis, volvéis a introducir la tarjeta en el sobre y lo dejáis sobre la mesa. Cuando uno de vosotros logre el objetivo, lo demostrará al otro enseñándole la tarjeta, y el otro abandonará la sala. Esta es una manera de acabar la prueba. (…) (Les da los sobres.) Leed la tarjeta. (Lo hacen.)

FERNANDO: (…) Llegará un día, niña de familia bien, que se te caerá el culo y las tetas te colgarán como un calcetín, llegará un día que de tu brillante carrera solo quedará un plan de pensiones ridículo, llegará un día que todo lo bueno ya habrá pasado. Tú, ¿qué tendrás? Nada. Querrás mirar hacia atrás y solo habrá mierda.

(…)

Mercedes está llorando.

(…).

Fernando coge el sobre, saca la tarjeta y se la enseña a Mercedes.

FERNANDO: Te debía hacer llorar.

Frases interrogativas

1. El hablante da su opinión sobre el tema y pide al interlocutor el acuerdo. Normalmente llevan una marca de negación.

2. Son frases que repiten en su totalidad o en parte palabras que acaban de ser emitidas por otro hablante. Esta repetición puede hacerse con varios objetivos.

3. ¿Que se te ha hecho corto a ti?

4. ¿No tenías a nadie para qué?

5. ¿Acaso no se hizo el sordo cuando le pediste que te explicara por qué cobrabas menos que Germán?

6. ¿Que qué ha pasado?

7. ¿Que hay rumores de qué?

8. ¿Que te echó una bronca, por qué?

9. ¿Que te dijo qué?

10. ¿Qué tienes que estar a qué hora dónde?

11. ¿Que viene quién?

Parte meteorológico

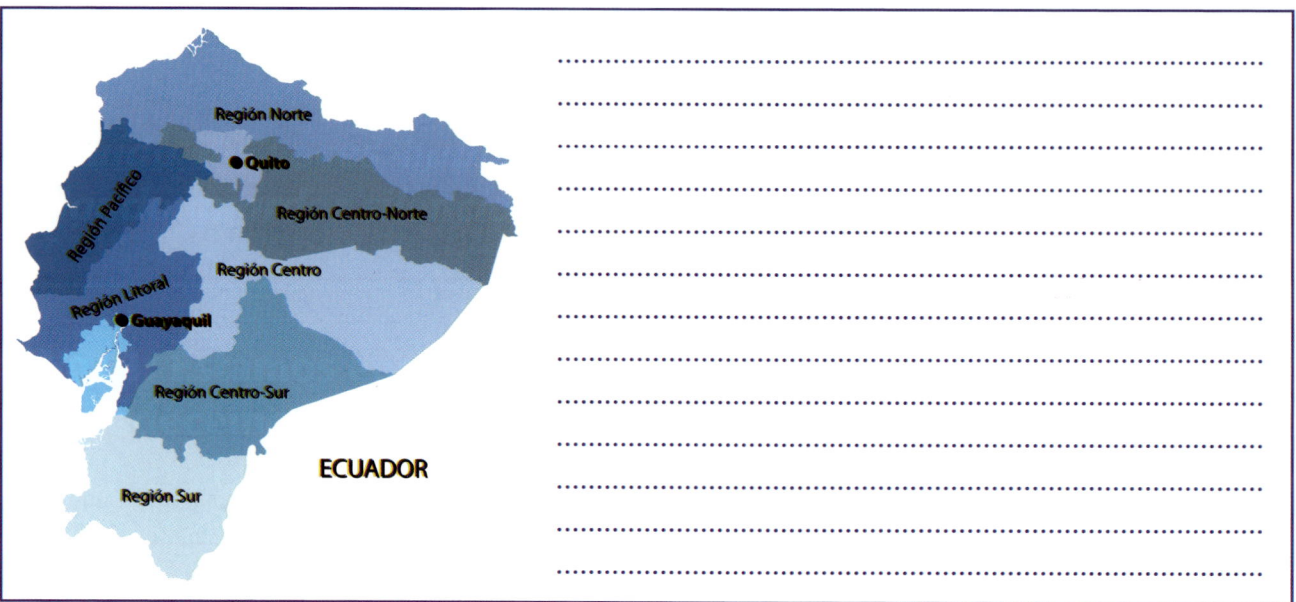

Alumno A

Parte meteorológico

Alumno B

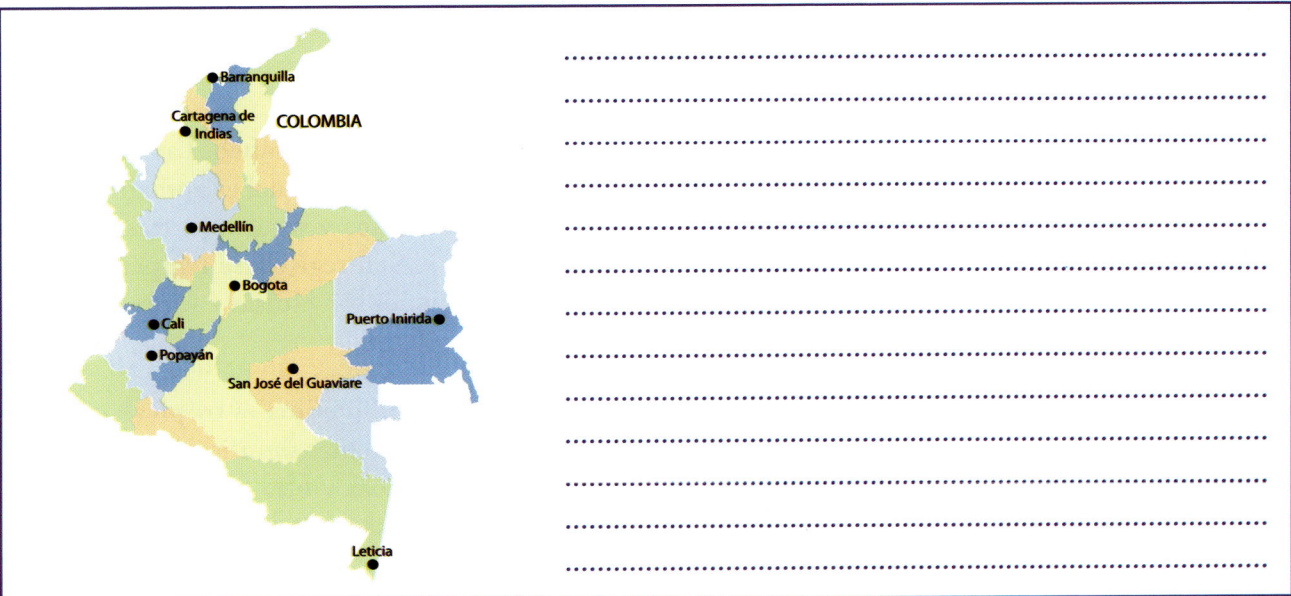

Climas hispanos

España está en la zona templada norte y tiene un **clima mediterráneo**. Las temperaturas son suaves todo el año y no hay una gran oscilación, la media anual es aproximadamente de 15 ºC. Hay cuatro estaciones, los veranos son calurosos y secos mientras que los inviernos son fríos, pero no en exceso, en general no suelen registrarse temperaturas bajo cero, excepto en las zonas de montaña. Las precipitaciones son escasas y se presentan principalmente en primavera y otoño.

Honduras se halla en la zona cálida al norte del Ecuador, su **clima es tropical**: caluroso y lluvioso. Tiene una temperatura media anual de 24 ºC. Lo más significativo de este clima es que tiene dos estaciones bien diferenciadas, una lluviosa y otra seca. En Honduras la primera se extiende aproximadamente de mayo a noviembre.

Colombia se encuentra en la zona cálida de la Tierra y en general posee un clima cálido y húmedo con dos estaciones, una seca y otra de lluvias. En las cuencas de los ríos Amazonas, Magdalena y Catacumbo se da uno de los climas más inhóspitos del Planeta, es un **clima húmedo de selva tropical**. Tanto las temperaturas como la humedad son altas, casi nunca se baja de los 27 ºC y las lluvias son abundantes y continuas.

Por su situación en la zona cálida sur Perú debería tener un clima cálido, húmedo y lluvioso, pero por sus características topográficas posee una gran variedad de climas. Casi toda su región costera tiene un **clima desértico**, prácticamente nunca llueve y hace calor, la temperatura media anual está alrededor de los 18 ºC. Entre mayo y noviembre suele haber brumas y leves lloviznas que producen sensación de frío y en invierno las noches son frías.

El extremo más sur de América está en la frontera de la zona fría, Chile y Argentina cuentan con un **clima de tundra**. Por su proximidad a la Antártida sus inviernos son extremadamente fríos y los veranos cortos y frescos. Aunque en verano las temperaturas pueden llegar a registrarse en positivo, lo normal es que estén siempre bajo cero, lo que hace que el suelo se mantenga helado. Las precipitaciones, frecuentes todo el año, son en su mayoría en forma de nieve.

A. Llegar más problemas o preocupaciones que empeoran una situación molesta o difícil.

B. Pasar mucho tiempo desde que ocurrió algo.

C. Tener muy mal sabor.

D. Funcionar algo con buena suerte, prosperidad o felicidad.

E. Ser el centro de atención en una situación polémica.

F. Hacer frente a las dificultades u oposición de alguien.

G. Soportar un reproche o una riña sin responder.

H. Contar una noticia a todo el mundo, normalmente un secreto o algo que te hace muy feliz.

I. Sin hacer caso, sin prestar atención.

J. Enfrentarse con habilidad a una situación difícil evitando los problemas.

alumno a

1. ¿Ha llovido mucho desde la última vez que fuiste a una discoteca?

2. ¿Algún personaje famoso de tu país ha estado en el ojo del huracán recientemente? ¿Por qué?

3. Cuando en tu trabajo hay una situación difícil, ¿capeas el temporal con facilidad?

4. ¿   ?

5. ¿   ?

alumno b

1. ¿Conoces a alguien con un negocio que vaya viento en popa?

2. ¿Crees que hay alguna comida española que sabe a rayos?

3. La última vez que te riñó alguien de tu familia, ¿aguantaste el chaparrón o respondiste a las críticas?

4. ¿   ?

5. ¿   ?

alumno c

1. ¿Recuerdas una situación en la que dijiste: "Puf, ha llovido tanto desde entonces que no me acuerdo"?

2. Piensa en una comida o bebida que sepa a rayos, ¿cuál es?

3. ¿Has tenido que ir contra viento y marea para conseguir algo que querías?

4. ¿   ?

5. ¿   ?

Geografía hispana

EL RÍO PARANÁ

EL LAGO TITICACA

EL GLACIAR UPSALA

LAS CATARATAS DE IGUAZÚ

EL GOLFO DE MÉXICO

LA BAHÍA DE LA HABANA

EL VOLCÁN NEVADO DEL RUIZ

LA PAMPA ARGENTINA

LA MESETA CASTELLANA

EL DESIERTO DE ATACAMA

EL ESTRECHO DE GIBRALTAR

LA CORDILLERA DE LOS ANDES

Dictado de carreras

La ciudad de Cusco está en el sur de Perú en la cordillera de los Andes y es el principal centro turístico del país. En 1983 fue declarada Patrimonio de la Humanidad por su antigüedad e importancia. A lo largo de los siglos ha sufrido diferentes cambios en su estructura urbana y ahora está hecha toda una ciudad moderna, con sus ventajas e inconvenientes. Aunque el gobierno siempre ha estado con el turismo, muchos habitantes son agricultores.

Se dice que la antigua ciudad inca tenía forma de puma, sus calles eran estrechas y rectas. Las paredes de los edificios del centro eran de piedra y en los suburbios estaban hechas de adobe. La vida en la ciudad giraba alrededor de su gran plaza que estaba dividida en dos partes: una más religiosa y ceremonial y otra más festiva donde los habitantes estaban siempre contentos. En la actualidad muchas de las grandes fiestas son en esta Plaza de Armas, por ejemplo el *Inti Raymi* (Fiesta del Sol) es el 24 de junio y celebra el solsticio de invierno.

Dubái

Ángela: Patricia, ¿cuánto tiempo llevas viviendo en Dubái?

Patricia: El próximo mes hará cinco años y creo que voy a por cinco más.

Ángela: Me gustaría conocerlo porque todo el mundo habla de su transformación.

Patricia: Mira, hace tan solo unas décadas Dubái era un desierto, pero los hallazgos de petróleo lo convirtieron en una ciudad animada y tecnológicamente avanzada, tal como la conocemos hoy.

Ángela: Ha habido muchos proyectos de cambio, ¿verdad?

Patricia: Sí, y sus numerosos proyectos urbanísticos son un claro ejemplo de lo rápido que puede cambiar una ciudad, sus horizontes se han vuelto prácticamente irreconocibles, donde solo había mar y arena hoy se levantan rascacielos, archipiélagos artificiales y atracciones de parques temáticos. Pero todo esto ha costado mucho dinero, solo para la construcción de *Dubailand* se han gastado 65 000 millones de dólares, que convertidos a euros son más de 50 000 millones. La verdad es que con todos estos cambios la antigua ciudad de Dubái se ha vuelto bastante artificial, aunque al mismo tiempo exclusiva.

Ángela: ¿Y todo esto por el petróleo?

Patricia: Bueno, aunque no cabe duda de que el emirato se hizo más rico y poderoso con el descubrimiento del petróleo, la realidad es que el principio de la prosperidad económica de Dubái se remonta al siglo XIX. En aquella época un jeque ya vio el potencial comercial de la bahía y estableció un puerto en ella que con el tiempo se convirtió en el más importante del Golfo Pérsico.

Ángela: Dubái hoy en día es uno de los destinos turísticos más atractivos, ¿no?

Patricia: ¡Uy, sí! Las islas artificiales en forma de palmera que se construyeron han atraído a visitantes muy exclusivos. En ellas hay lujosas villas que cuentan con su propia playa privada, así puedes bañarte y ponerte moreno si quieres.

Ángela: Y me han dicho que hay hoteles increíbles.

Patricia: Sí, Ángela, Dubái tiene el único hotel de siete estrellas que hay en el mundo. Mis favoritos son los hoteles que están en el desierto. Algunos tienen unas grandes cristaleras con preciosas vistas. Desde allí puedes ver los atardeceres en el desierto y cómo las claras arenas de las dunas se van poniendo naranjas, con diferentes tonalidades. Y contemplando ese maravilloso paisaje desde la cama puedes quedarte dormido.

Ángela: ¡Ay! ¡Quién tuviera bastante dinero para disfrutar de todo eso!

Oyes-dices

A

OYES	DICES
EMPIEZA	Hacerse...
Hacerse mayor	Convertirse...
Ponerse pálido	Volverse...
Convertirse en la meca del cine	Quedarse...
Quedarse sordo	Ponerse...
Ponerse moreno	FIN

taxista • insoportable • moreno • al islam • quieto

B

OYES	DICES
Hacerse taxista	Quedarse...
Convertirse en campeón del mundo	Volverse...
Volverse más flexible	Hacerse...
Volverse insoportable	Ponerse...
Hacerse budista	Convertirse...

en la meca del cine • calvo • mayor • egoísta • colorado

C

OYES	DICES
Quedarse calvo	Volverse...
Convertirse al islam	Hacerse...
Ponerse colorado	Quedarse...
Quedarse quieto	Convertirse...
Volverse egoísta	Ponerse...

pálido • sordo • budista • más flexible • en campeón del mundo

Cambios

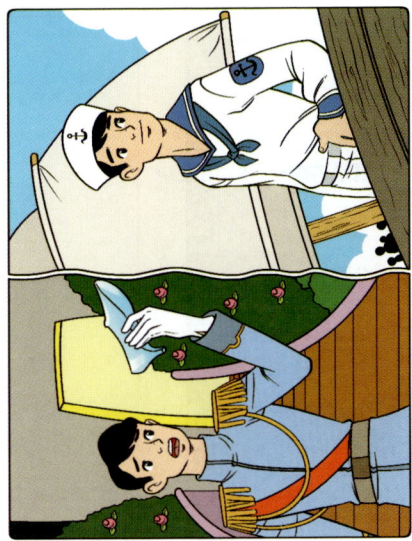

Estaba cansado de ser príncipe y marinero. 3. _____

Cuando empezó a cantar el público lo abucheaban, pero este año 2. ____ en uno de los cantantes de más éxito de toda América.

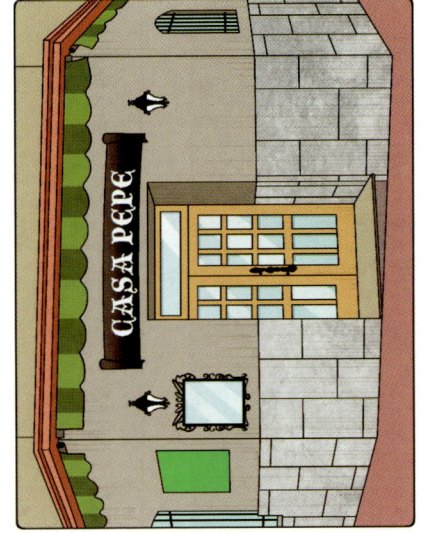

Estaba muy enamorada de su príncipe, se veía todos los días a escondidas con él y 1. ____ embarazada.

Cambios

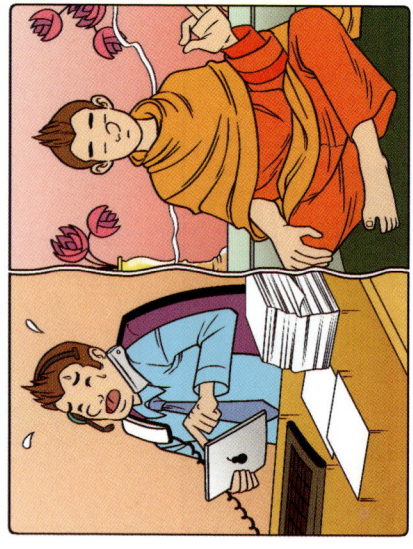

Alberto tenía una vida muy estresante y un buen día se fue al Tíbet y 7. _____ al budismo.

El pueblo 5. _____ muy turístico y el restaurante de Pepe 6. _____ muy famoso.

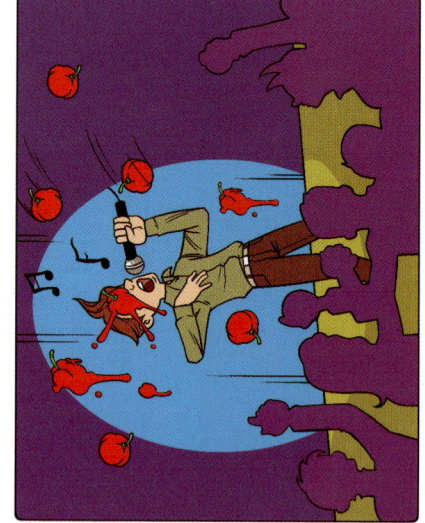

Manuel 4. _____ cura para poder tener un plato de comida cada día.

Diploma a la persona más lectora de la clase

Diploma

El premio a la persona
más lectora de la clase es para

por

Algunos momentos en la historia de la poesía de segunda mitad del siglo xx

LA POESÍA EN LOS AÑOS 50

La literatura de la época está enmarcada en el realismo social. Es una poesía de estilo sencillo y coloquial con mayor preocupación por los contenidos que por la estética. Se concibe la poesía como una herramienta que debe ayudar a la toma de conciencia social y a la transformación de la realidad. Se reivindica una literatura cuyo destinatario sea la *inmensa mayoría*, expresión con la que Blas de Otero se enfrenta al conocido lema de Juan Ramón Jiménez "A la inmensa minoría".

Blas de Otero nació en Bilbao en 1916. Tomó parte de la Guerra Civil. En 1951 se va a París e ingresa en el *Partido Comunista*. Su obra es como una síntesis de la poesía compuesta en España desde el final de la Guerra Civil: sus versos pasan de ser típicos de la poesía arraigada de la inmediata posguerra a ser los más característicos de lo que se denominó poesía desarraigada precisamente en referencia a unos versos suyos: *Un mundo como un árbol desgajado./ Una generación desarraigada./ Unos hombres sin más destino que/ apuntalar las ruinas*. Y desde los años cincuenta y sesenta, es el más destacado representante de la poesía social.

Adaptación de VVAA, 2.º Lengua Castellana y Literatura, Akal

GENERACIÓN DE 1968 O *LOS NOVÍSIMOS*

Nacidos después de la Guerra Civil son un grupo de escritores con voluntad rupturista con toda la literatura previa y con un talante provocador en línea con los movimientos vanguardistas de entreguerras. Hacen gala de sus conocimientos de escritores foráneos como Eliot, Pound, Cavafis, Yeats, Rimbaud, autores hispanoamericanos como Octavio Paz o Lezama Lima, etc. Al lado de una orientación culta usan términos anglosajones y referencias al cine, al deporte, a los tebeos, a la canción, a la política. Esta reelaboración de los clichés de los *mass-media* tiene mucho de frivolidad y exhibicionismo, pero también de irónica actitud provocadora e inconformista.

Leopoldo María Panero (Madrid1948) fue hijo del poeta Leopoldo Panero. A los dieciséis años ingresó en el prohibido *Partido Comunista*, cuya militancia le valió su primera estancia en prisión. El alcoholismo, la depresión y dos intentos de suicidio antes de cumplir los veintiún años marcan su vida. La esquizofrenia lo mantiene internado por voluntad propia en un pabellón psiquiátrico, donde mantiene vivo su interés por la literatura. Autor de una importante obra, es considerado como uno de los poetas *malditos* más importantes de España: «Así se fundó Carnaby Street» 1970, «Poemas del manicomio de Mondragón» 1987 y «Heroína y otros poemas» 1992 son alguna de sus obras.

Adaptación de VVAA, 2.º Lengua Castellana y Literatura, Akal

POESÍA DE LOS OCHENTA

En esta época se va gestando una nueva sensibilidad lírica entre cuyos rasgos destaca el gusto por la expresión de lo íntimo y lo individual: los poetas pretenden expresar experiencias personales que pueden ser comunes a sus lectores huyendo de ahondamientos trascendentes. Carácter urbano, temática realista, suave intimismo, interés por lo cotidiano y tono coloquial están presentes en los versos de autores a veces muy disímiles.

Luisa Castro es poeta y novelista española (Foz, Lugo 1966). Licenciada en Filología Hispánica por la Universidad Complutense de Madrid, ha realizado también estudios de cine en Columbia y New York University. Inició su carrera literaria a los diecisiete años con la publicación del libro *Odisea definitiva. Libro póstumo*, en 1984. Posteriormente obtuvo el «Primer Premio Hiperión de Poesía» en 1987 con su libro *Los versos del eunuco* y el premio «Rey Juan Carlos de Poesía» con *Los hábitos del artillero* publicado en 1989. A su recorrido poético se suman sus grandes éxitos con las novelas *El somier*, finalista del «Premio Herralde» 1990, *La fiebre amarilla* 1994, *El secreto de lejía*, «Premio Azorín» 2001, *Viajes con mi padre* 2003 y *La segunda mujer*, «Premio Biblioteca Breve de Seix Barral».

Adaptación de VVAA, 2.º Lengua Castellana y Literatura, Akal

Texto Eduardo Galeano

El abuelo

Un hombre, que se llama Amando, nacido en un pueblo que se llama Salitre, en la costa del Ecuador, me regaló la historia de su abuelo.

Los tataranietos se turnaban haciéndole la guardia. En la puerta le habían puesto candado y cadena. Don Segundo Hidalgo decía que de ahí le venían los achaques:

—Tengo reuma de gato cansado —se quejaba.

A los cien años cumplidos, Don Segundo aprovechaba cualquier descuido, montaba en pelo y se escapaba a buscar novias por ahí. Nadie sabía tanto de mujeres y de caballos. Él había poblado esa aldea de Salitre, y la comarca, y la región, desde que fue padre por primera vez, a los trece años.

El abuelo confesaba trescientas mujeres, aunque todo el mundo sabía que habían sido más de cuatrocientas. Pero una, una que se llamaba Blanquita, había sido la más mujer de todas.

Hacía treinta años que había muerto Blanquita, y él la convocaba todavía a la hora del crepúsculo. Amando, el nieto, el que me regaló esta historia, se escondía y espiaba la ceremonia secreta. En el balcón, iluminado por la última luz, el abuelo abría una talquera de otros tiempos, una caja redonda de aquellas con ángeles rosaditos en la tapa, y se llevaba el algodón a la nariz:

—Creo que te conozco —murmuraba, aspirando el leve perfume de aquel polvo—. Creo que te conozco.

Y muy suavemente se balanceaba, dormitando murmullos en la mecedora.

Al atardecer de cada día, el abuelo cumplía su homenaje a la más amada. Y una vez por semana, la traicionaba. Le era infiel con una gorda que cocinaba recetas complicadísimas en la televisión. El abuelo, dueño del primer y único televisor del pueblo de Salitre, jamás se perdía ese programa. Se bañaba y se afeitaba y se vestía de punta en blanco, como para una fiesta, el mejor sombrero, los botines de charol, el chaleco de botones dorados, la corbata de seda, y se sentaba bien pegado a la pantalla. Mientras la gorda batía sus cremas y alzaba el cucharón, explicando las claves de algún sabor único, exclusivo, incomparable, el abuelo le hacía guiñadas y le lanzaba furtivos besos. La libreta de ahorros del banco asomaba en el bolsillo de arriba del traje. El abuelo ponía la libreta así, insinuadita, como al descuido, para que la gorda viera que él no era un pobre pelagatos.

EDUARDO GALEANO: *El libro de los abrazos.*

Dominó vocabulario de cine

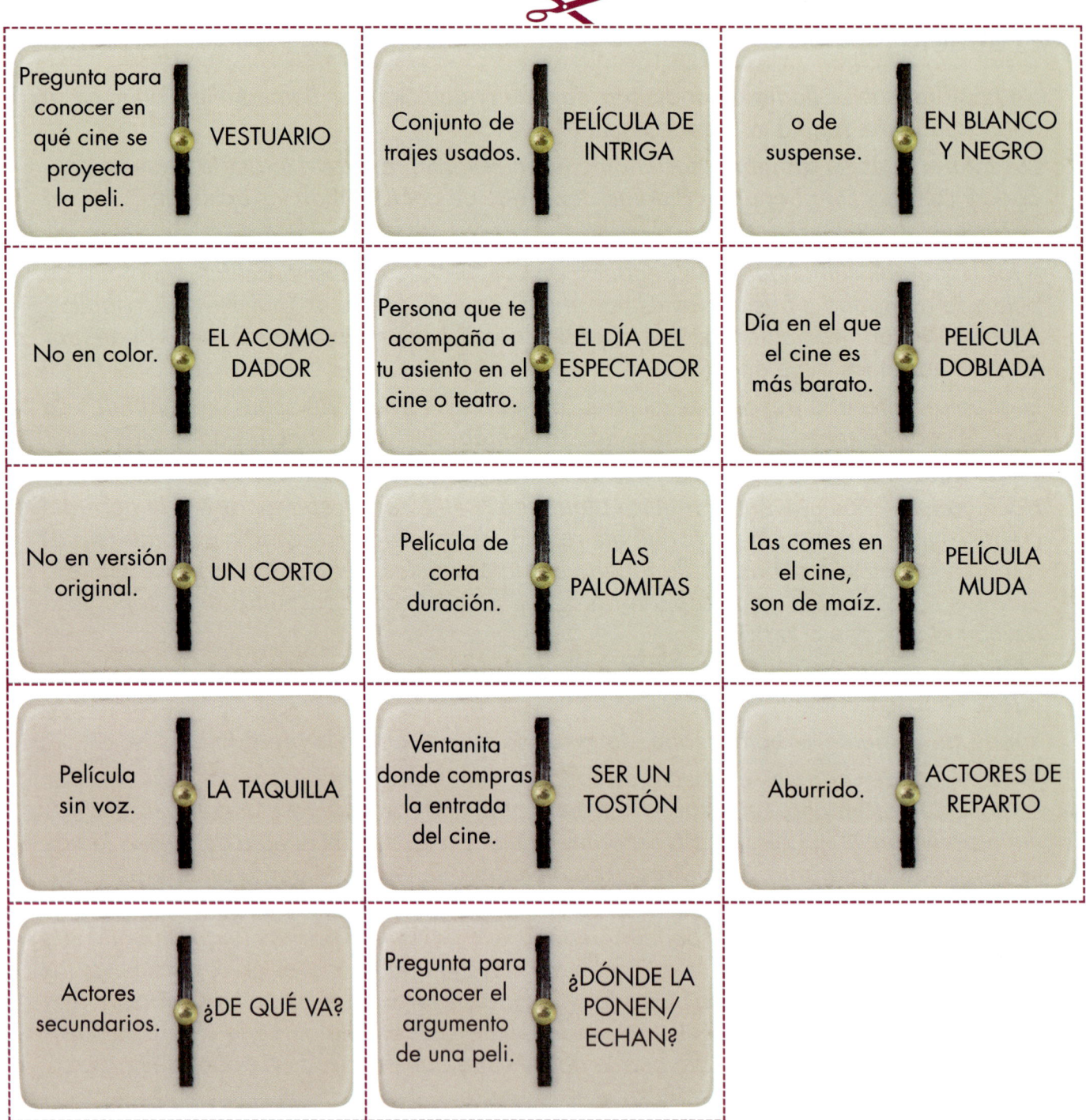

Pregunta para conocer en qué cine se proyecta la peli. / VESTUARIO	Conjunto de trajes usados. / PELÍCULA DE INTRIGA	o de suspense. / EN BLANCO Y NEGRO
No en color. / EL ACOMO-DADOR	Persona que te acompaña a tu asiento en el cine o teatro. / EL DÍA DEL ESPECTADOR	Día en el que el cine es más barato. / PELÍCULA DOBLADA
No en versión original. / UN CORTO	Película de corta duración. / LAS PALOMITAS	Las comes en el cine, son de maíz. / PELÍCULA MUDA
Película sin voz. / LA TAQUILLA	Ventanita donde compras la entrada del cine. / SER UN TOSTÓN	Aburrido. / ACTORES DE REPARTO
Actores secundarios. / ¿DE QUÉ VA?	Pregunta para conocer el argumento de una peli. / ¿DÓNDE LA PONEN/ECHAN?	

Ficha técnica de películas

EL SECRETO DE SUS OJOS 2009 / Argentina

Director: Juan José Campanella.

Protagonistas: Ricardo Darín, Soledad Villamil, Guillermo Francella, Pablo Rago.

Argumento: Benjamín Espósito ha trabajado toda la vida como empleado en un Juzgado Penal. Ahora acaba de jubilarse, y para ocupar sus horas libres **está escribiendo** una novela. No se propone imaginar una historia inventada. No la necesita. Dispone, en su propio pasado como funcionario judicial, de una historia real conmovedora y trágica de la que ha sido testigo privilegiado. Corre el año 1974, y a su juzgado se le encomienda la investigación sobre la violación y el asesinato de una mujer. Espósito asiste a la escena del crimen, es testigo del ultraje y la violencia sufrida por esa muchacha. Conoce a Ricardo Morales, quien se había casado con ella poco tiempo antes y la adora con toda su alma.

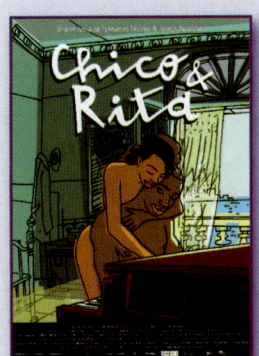

CHICO Y RITA es una película de animación de 2010 / España

Director: Fernando Trueba y Javier Mariscal

Argumento: La película narra la historia de amor del pianista Chico Valdés y la cantante Rita La Belle a lo largo de los años, desde que se conocen en 1948 en la Cuba precastrista hasta su vejez.

Chico es pianista y Rita cantante, sus vidas se cruzan en el momento oportuno para presentarse a un concurso radiofónico y enamorarse. Sus encuentros y desencuentros amorosos (la mayoría producidos por Ramón, el amigo de Chico, un secundario de lujo que pone la nota de humor durante toda la historia), **yendo y viniendo**, coincidirán en el tiempo con el éxito, su salida de Cuba hacia Nueva York, de ahí a Europa, y su posterior vuelta a la isla.

CELDA 211 2009 / España

Director: Daniel Monzón

Protagonistas: Luis Tosar, Alberto Ammann, Antonio Resines, Carlos Bardem, Marta Etura

Argumento: Es el primer día en que Juan empieza a trabajar en su nuevo destino como funcionario de prisiones. **Revisando** las celdas, se ve atrapado en un motín carcelario. Decide entonces hacerse pasar por un preso más para salvar su vida y para poner fin a la revuelta, encabezada por el temible Malamadre (Luis Tosar). Lo que ignora es que el destino le ha preparado una encerrona.

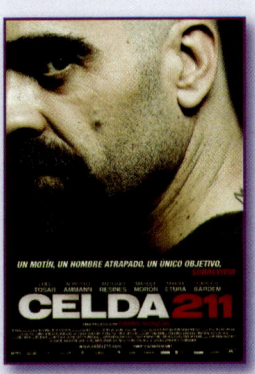

Ficha técnica de películas

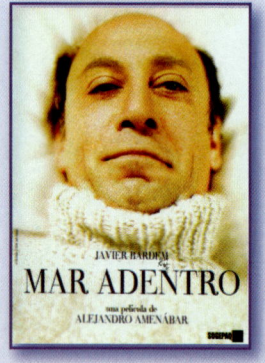

MAR ADENTRO 2004 / España

Director: Alejandro Amenábar

Protagonistas: Javier Bardem, Belén Rueda, Lola Dueñas, Mabel Rivera

Argumento: Basada en hechos reales, "Mar adentro" narra la historia de Ramón Sampedro, un hombre tetrapléjico que, durante 25 años, luchó para conseguir una muerte digna y cuyo caso desencadenó un gran debate social.

Ramón (Javier Bardem) lleva casi treinta años postrado en una cama al cuidado de su familia. Su única ventana al mundo es la de su habitación, que da al mar, donde sufrió el accidente que interrumpió su juventud. Desde entonces, su único deseo es **no seguir viviendo** y morir dignamente. En su vida ejercen una gran influencia dos mujeres: Julia, una abogada que apoya su causa, y Rosa, una vecina que intenta convencerlo de que vivir merece la pena. Pero también ellas, cautivadas por la luminosa personalidad de Ramón, se replantearán los principios que rigen sus vidas. Él sabe que solo quien de verdad le ame le ayudará a emprender el último viaje.

VOLVER 2006 / España

Director: Pedro Almodóvar

Protagonistas: Penélope Cruz, Carmen Maura, Chus Lampreave, Lola Dueñas, Blanca Portillo

Argumento: Nacida en un pueblo de La Mancha, Raimunda (Penélope Cruz) vive en Madrid, está casada con un obrero en paro y tiene una hija adolescente. Su hermana Sole se gana la vida como peluquera. Ambas echan de menos a su madre, que murió en un incendio en el pueblo. Pero, inesperadamente, la madre se presenta primero en casa de su hermana y después va a ver a Sole, aunque con quien dejó importantes asuntos pendientes fue con Raimunda y con Agustina, una vecina del pueblo.

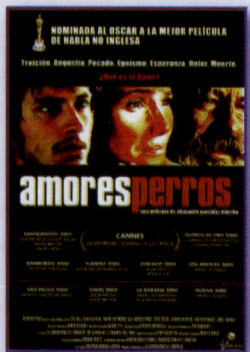

AMORES PERROS 2000 / México

Director: Alejandro González Iñárritu

Protagonistas: Emilio Echevarría, Gael García Bernal, Goya Toledo, Álvaro Guerrero

Argumento: En Ciudad de México, un fatal accidente automovilístico afecta trágicamente a tres personas. Octavio, un adolescente, decide escaparse con Susana, la esposa de su hermano; el Cofí, su perro, se convierte en el instrumento para conseguir el dinero necesario para la fuga. Al mismo tiempo, Daniel, un hombre maduro, deja a su esposa y a sus hijos para irse a vivir con Valeria, una hermosa modelo. **Celebrando** su nueva vida, el destino hace que Valeria sea víctima de un trágico accidente.

El gerundio. Normas de uso

1 En la mayoría de los casos, el sujeto del gerundio debe coincidir con el sujeto de la oración principal.

Correcto: *El ponente defendió sus conclusiones apoyándose en los datos ministeriales* (es el mismo sujeto, el ponente, quien defiende y se apoya).

Incorrecto: *Nos encontramos a los diputados bromeando en el hemiciclo* (el sujeto es "nosotros" pero el gerundio se refiere a los diputados). La ambigüedad se eliminaría si dijéramos: *Nos encontramos a los diputados, que estaban bromeando en el hemiciclo.*

2 La acción del gerundio debe ser anterior o simultánea a la del verbo principal. Por tanto, debe evitarse el llamado gerundio de posterioridad.

Correcto: *El otro día cogimos un resfriado andando bajo la lluvia sin paraguas* (el sujeto concuerda –nosotros– y ambas acciones son simultáneas –andar y coger un resfriado).

Incorrecto: *La víctima fue agredida en su casa, muriendo horas después en el hospital.* Es el llamado gerundio de posterioridad. Lo correcto sería: *La víctima fue agredida en su casa y murió horas después en el hospital.*

Incorrecto: *El nuevo titular de Justicia ingresó en la universidad en 1970, graduándose cinco años después.* (Graduarse es posterior a ingresar en la universidad).

3 La acción que expresa el gerundio debe interpretarse como una circunstancia (de tiempo, modo o condición) de la acción del verbo principal. Es decir, la función del gerundio es siempre de complemento circunstancial. El uso del gerundio será correcto si expresa en qué momento, de qué modo, por qué motivo o con qué condición se da la acción principal.

Correcto: *Eduardo ha aprobado las matemáticas copiando. / Harás bien poniendo un candado en la bicicleta.*

4 El gerundio es un modificador del verbo y, por tanto, no puede calificar a un sustantivo.

Incorrecto: *El Gobierno ha aprobado un decreto regulando las importaciones asiáticas.* Lo correcto sería: *El Gobierno ha aprobado un decreto que regula las importaciones asiáticas.*

http://manualdeestilo.rtve.es/el-lenguaje/6-5-los-verbos/6-5-2-el-gerundio-normas-de-uso/

Biografía de famosos del cine hispano

CHUS LAMPREAVE (Madrid, 1930)

Aunque nunca tuvo vocación de actriz, se ha convertido en una de las más reconocidas y apreciadas del cine español. Ha participado en más de cincuenta películas y numerosos trabajos en televisión, colaborando con los más importantes directores del país. Sus comienzos en el cine fueron de la mano de Marco Ferreri y Luis García Berlanga, con quien trabajó después en películas tan emblemáticas como *El Verdugo* y en la trilogía *Nacional*.

Pero los mayores éxitos le iban a llegar en la década de 1980 y de la mano del director Pedro Almodóvar, con el que rueda *Entre tinieblas* (1983), *¿Qué he hecho yo para merecer esto?* (1984) y *Matador* (1986). Con él ha colaborado en cinco películas más, incluyendo *Hable con ella* (2002) y *Volver* (2006). Cabe destacar que es la única actriz que ha trabajado con el manchego con regularidad a lo largo de toda su filmografía.

Con Fernando Trueba actúa, en 1986, en *El año de las luces*, en un papel que supone la primera de sus cinco candidaturas al Premio Goya. Especializada en personajes ingenuos o despistados, adquiere mayor protagonismo en *Espérame en el cielo* (Antonio Mercero, 1988). Con Trueba vuelve a colaborar en *Belle Époque* (1992), película ganadora del Óscar a la mejor película de habla no inglesa y por la que Chus obtuvo el Goya a la mejor actriz de reparto.

ISABEL COIXET (Sant Adrià del Besós, Cataluña, 1960)

Estudió Historia Contemporánea en la Universidad de Barcelona, trabajó como periodista en la revista *Fotogramas*. Su afición a la imagen le hace acercarse al mundo del cine, desempeñando diversas tareas y al mundo de la publicidad en el que, tras un tiempo, creará productora propia. Años más tarde, decidida a filmar su primer largometraje, se traslada a Estados Unidos a rodar *Cosas que nunca te dije* (1996). Un año después, nace su hija Zoe.

Es un peso pesado de la industria publicitaria, y ha dirigido anuncios por todo el mundo con los que ha cosechado importantes premios. En el año 2000 creó la productora Miss Wasabi Films desde donde también ha realizado destacados documentales y videoclips a los más variados músicos (desde Sexy Sadie hasta Alejandro Sanz).

En 2005 realiza *La vida secreta de las palabras* cuyos protagonistas son Tim Robbins y Sarah Polley.

Isabel ha contado con Penélope Cruz para el papel protagonista de su película *Elegy*, estrenada en 2008, y basada en una novela de Philip Roth.

A principios de 2009, Isabel Coixet acabó el rodaje de *Mapa de los sonidos de Tokio* protagonizada por Rinko Kikuchi y Sergi López pues se siente "muy cercana al mundo y a la cultura japonesa".

Biografía de famosos del cine hispano

LUIS TOSAR (Lugo, Galicia, 1971)

Es un actor y cantante español. Ha recibido el Premio Goya de la Academia de las Artes y las Ciencias Cinematográficas de España en 2003 como Mejor Actor de Reparto por *Los lunes al sol* y en 2004 como Mejor Actor por *Te doy mis ojos*. También ganó la Concha de Plata del Festival de cine de San Sebastián en 2003 por *Te doy mis ojos*. En la edición de 2009 repite premio al Mejor Actor por su interpretación en *Celda 211*. En 2010, *Celda 211*, *Lope* y *También la lluvia*, películas en las que actúa, fueron elegidas por la Academia para representar a España en los Óscar, siendo finalmente *También la lluvia* la seleccionada.

También se ha involucrado en política, mostrando su apoyo al BNG y al nacionalismo gallego, habiendo participado en las listas de dicho partido en las elecciones europeas de 2004 y en las municipales por Castro de Rey.

En 2011 se publicó el primer disco de Di Elas, grupo musical liderado por Luis Tosar y Piti Sanz.

PENÉLOPE CRUZ (Madrid, 1974)

Su nombre deriva de una de las canciones favoritas de sus padres, «Penélope», compuesta e interpretada por Joan Manuel Serrat. Es mayor que sus dos hermanos: Mónica Cruz, también actriz (de televisión) y Eduardo Cruz, cantante.

Pronto se sintió atraída por el mundo del arte y la interpretación y, especialmente desde el momento en el que vio la película *¡Átame!* de Pedro Almodóvar protagonizada por Victoria Abril, cuando solo tenía trece años. A partir de ese momento decidió ser actriz para poder llegar a cumplir un sueño: trabajar algún día con Pedro Almodóvar. Recibió nueve años de aprendizaje de *ballet* clásico en el Conservatorio Nacional de Madrid, cuatro años de mejora de la danza en diversos cursos en la Escuela Cristina Rota en Nueva York y tres años de *ballet* español. Paralelamente estudió interpretación y se presentó a multitud de pruebas para poder comenzar a trabajar en el cine como actriz.

La primera aparición interpretativa de Penélope Cruz fue en el videoclip de la canción *La fuerza del destino* del grupo pop Mecano. Tras una exhaustiva búsqueda entre más de 200 chicas, Penélope quedó seleccionada para ser la protagonista de la canción del mítico grupo musical. Posteriormente inició una larga relación con el integrante del grupo Nacho Cano.

Tras ello le surgió la oportunidad de presentar *La quinta marcha* en Tele 5 y posteriormente trabajó en un episodio de la serie de TVE "Serie Rosa" dirigida por Jaime Chavarri y otros componentes.

La primera película de Penélope Cruz fue *El laberinto griego* en 1990 dirigida por Rafael Alcázar, y después vino su explosión cinematográfica con *Jamón, jamón* del director Bigas Luna en 1992, tras ser elegida por dicho director entre multitud de actrices. De esta película, rodada gran parte en Los Monegros (Zaragoza, Aragón), la actriz salió potenciada como una *sex-symbol* atractiva y sensual debido al contenido erótico que tienen las películas de Bigas Luna. En ella compartió protagonismo con los también por entonces principiantes Javier Bardem y Jordi Mollá. Con esta película fue nominada en la VII edición de los Premios Goya de la academia del cine español como actriz protagonista y al Fotogramas de Plata a la mejor actriz de cine.

Biografía de famosos del cine hispano

RICARDO DARÍN (Buenos Aires, 1957)

Ricardo Darín nació el 16 de enero de 1957 en Buenos Aires. Proveniente de una familia muy unida al mundo del espectáculo. En la década de los 80, Darín salta definitivamente a la fama como parte de los "galancitos", un grupo de jóvenes actores que trasladaron éxitos televisivos al mundo del teatro. Los galancitos cosechan una fama increíble y miles de seguidores se reparten por toda Argentina, haciendo de cada representación un completo éxito.

La crítica se fija en Darín y lo alaba con su papel en el film *Perdido por perdido*, dirigida por el debutante Alberto Lecchi. Más tarde participa en *El faro*, de Eduardo Mignogna, y protagoniza *El mismo amor, la misma lluvia* de Juan José Campanella, siendo otra vez su papel digno de elogio. Pero su salto definitivo lo consigue con su papel de Marcos, un ladrón de poca monta en una Argentina que empieza a agonizar económicamente, en la película *Nueve reinas*. Darín brilla enormemente en este film que coprotagoniza junto a Gastón Pauls y consigue, finalmente, un nombre de peso dentro de la industria cinematográfica argentina. Después del gran éxito de *Nueve reinas*, Ricardo tiene un pequeño, pero efectivo, papel en el 2001 de nuevo a las órdenes de Mignogna en la película *La fuga*. Ese mismo año sería protagonista de *El hijo de la novia*, junto a actores como Natalia Verbeke, Héctor Alterio o Norma Aleandro. La película fue otro gran éxito de taquilla y crítica, llevándola a ser nominada como "Mejor película de habla no inglesa" en la edición del año 2002 de los Óscar.

En 2006 le fue concedida, junto a Juan José Campanella la nacionalidad española por carta de naturaleza, una concesión especial del Reino de España a personas de particulares méritos.

SANTIAGO SEGURA SILVA (Madrid, 1965)

Es un actor, guionista, director y productor de cine español, popular por su tetralogía de Torrente. Ha trabajado también y en menor medida como presentador de televisión, actor de doblaje y guionista de historietas, siendo además coleccionista de originales.

Desde los 12 años comenzó rodando películas con una cámara de Super-8 y, tras una recomendación de Fernando Trueba, comenzó a realizarlas en 35 mm. Segura le hizo caso y realizó tres cortometrajes. Para financiar el primero le ayudaron cinco amigos, además de participar en gran cantidad de concursos de televisión, como *No te rías que es peor*, *Locos por la tele*, *El huevo de Colón* o *Vivan los novios* (en este último programa obtuvo 70 000 pesetas) para financiar los siguientes.

La fama le llegaría con su primer largometraje, *Torrente, el brazo tonto de la ley*, que es una de las películas más taquilleras del cine español.

El nacimiento del personaje se produjo cuando fue a comer a un restaurante chino y observó cómo un hombre se mostraba borde con la camarera y los que compartían mesa con él se mostraban avergonzados y se dedicó a ver cine, series americanas y leer historietas. Tras acabarla escribió relatos pornográficos para publicaciones como "Lib internacional" o "Supertetas".

Textos

	Texto narrativo	Texto descriptivo	Texto expositivo	Texto argumentativo
Intención comunicativa				
Responden a				
Tipos de textos más frecuentes				
Tipo de lenguaje			Lenguaje claro y directo.	

Edi numen

Las tres condicionales

PRIMERA CONDICIONAL

Uso: expresar hipótesis muy probables

Si + presente de indicativo,
- a) presente de indicativo (con valor de futuro):
  Si tengo tiempo, te llamo.
- b) futuro imperfecto / *ir a* + infinitivo:
  Si termino pronto, me iré/voy a ir al cine.
- c) imperativo:
  Si pasas por Madrid, llámame.

Uso: expresar condiciones (impersonales y atemporales)

Si + presente de indicativo, presente de indicativo:
Si estudias, apruebas.

SEGUNDA CONDICIONAL

Uso: expresar hipótesis poco posibles en el presente / futuro o imposibles en el presente

Si + imperfecto de subjuntivo, condicional simple,
Si me tocara la lotería, daría la vuelta al mundo /
Si tuviera tres brazos, trabajaría más rápido.

TERCERA CONDICIONAL

Uso: expresar hipótesis imposibles en el pasado.

Si + pluscuamperfecto de subjuntivo,
- a) pluscuamperfecto de subjuntivo/condicional perfecto:
  Si lo hubiera sabido, te lo hubiera contado/te lo habría contado.
- b) condicional simple:
  Si no hubiera perdido el autobús, estaría ya allí.

Las *start-up*

Start-up es un término anglosajón que se usa para hacer referencia a las empresas o ideas empresariales que empiezan desde cero. Se podría traducir por "embrión" o "inicio".

En el área de nuevas tecnologías e informática son famosos (reales o fabulados) los casos de *start-ups* que comenzaron a trabajar en garajes, porque no disponían de recursos. Se suele decir que Microsoft comenzó en un garaje. De este modo, cuando se habla de *start-up de garaje*, suele hacerse en alusión a un proyecto que empieza desde cero con muy escasos recursos.

Panoramio es otro ejemplo. Sus creadores dicen: "Al principio no hace falta dinero para empezar; no son necesarios ni grandes equipos ni el pago de licencias de *software*. Lo que hace falta es tiempo".

Geografía hispana

 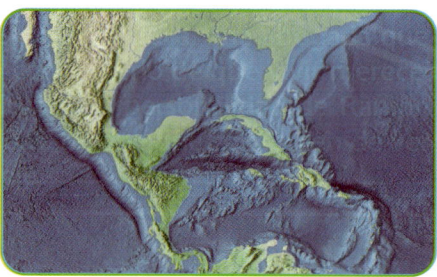 

Mapa de Hispanoamérica

BAHAMAS

MÉXICO

CUBA

BELICE   JAMAICA   HAITÍ   REP. DOMINICANA

GUATEMALA   HONDURAS

EL SALVADOR   NICARAGUA

COSTA RICA

PANAMÁ   TRINIDAD-TOBAGO

VENEZUELA

COLOMBIA   GUYANA

SURINAM   Guayana Fr.

ECUADOR

PERÚ   B R A S I L

BOLIVIA

PARAGUAY

C H I L E

URUGUAY

ARGENTINA

Ciudades con cambios

SANGHÁI

LAS VEGAS

SÃO PAULO

BILBAO

KUALA LUMPUR

ABU DABI